KB194280

마흔, 오늘부터 달리기

마흔, 오늘부터 달리기
안전하고 즐겁게

안병택 지음

틈새의시간

"You don't stop running because you get old,
you get old because you stop running."

나이가 들어서 달리기를 멈추는 게 아니라,
달리기를 멈춰서 나이 드는 거야.

—『본 투 런』 중에서

오르막길을 세차게 달렸다. 숨이 턱 끝까지 차올랐지만 멈추지 않았다. 놀이동산 입구가 저 멀리서 보였기 때문이다. 전속력으로 달리는 내가 위태로워 보였는지 아버지도 뒤따라 달렸다. 내 기억에 남아 있는 다섯 살 봄날의 첫 달리기였다. 그날 나는 귀신의 집에 들어갔다가 불쑥 튀어나온 어떤 물체에 놀라 펑펑 울었다. 그 기억이 선명해서인지 그때의 '달리기'도 여전히 생생하다. 물론 다섯 살 이전에도―기억은 나지 않아도― 불안하게 흔들렸을지언정 열심히 달렸을 터다.

유년 시절부터 스포츠를 좋아했다. 특히 달리기를 가장 좋아했다. 숨이 턱 끝까지 차오르고 심장이 쿵쾅거리는 느낌도 좋았다. 또래와 달릴 때 앞에 달리는 사람이 없었고, 스스로 느끼는 속도도 점점 빨라졌다. 그래서인지 꽤 자부심이 있었다. 학창 시절, 20대, 30대 중반까지도 나는 꾸준히 달렸다. 그런데⋯ 일에 치여

바쁘게 사는 동안 그만 달리는 방법을 잊어버렸다.

어쩌다 길을 건너려고 할 때 녹색등이 깜빡거리며 숫자가 한 자리로 줄 때만 부리나케 달린 것 같다. 언젠가부터 그 짧은 순간이 달리기의 전부가 되고 말았다. 일은 점점 많아졌고, 체력은 점점 고갈되었다. 피곤하지 않은 날이 없었고, 집에 들어서면 잠자는 게 좋았다. 그렇게 30대 후반을 보내고 40대가 되었다.

주말에 잠을 더 자도 피곤했다. 몸은 무거웠고, 눈은 침침했다. 좋은 음식과 영양제에 의존했다. 병원에서 영양주사를 몇 주간 맞아보았지만 회복에는 별반 차이가 없었다. 어느덧 노화를 인지하는 나이가 된 것이다. 운동의 필요성을 깨닫고 어떤 운동을 할까 망설이며 몇 개월이 지났다. 마음먹기와 몸이 움직이는 건 별개다. 몇 차례 마음먹기 끝에 2024년 4월의 어느 봄날 이후 다시 달리기를 시작했고, 지금은 기분 좋게 꾸준히 달리고 있다.

이 책은 운동을 해야 하는데 날마다 마음만 다잡을 뿐 행동으로 옮기지 못하는 40~50대를 위한 '달리기 가이드'이다. 바로 일 년 전의 나처럼 말이다. 따라서 예전에 건강했던 기억만 가지고 차일 피일 미뤘던 마음을 실제 행동으로 옮기는 데 꼭 필요한 내용을 담았다. 만성질환이 하나둘 생길 수 있는 연령대, 건강 관리와 운동의 필요성을 절감하면서도 막상 달리지 못하는 40~50대에게 전하는 위로와 격려의 메시지이기도 하다. "Yes, you can do it."이라는 말은 청년의 전유물이 아니잖은가!

사실 달리기에도 절차가 있다. 냅다 달리는 것도 나쁘지 않지만 달리기 전 걷기부터 시작해서 달리기 기술, 달리는 사람이 꼭 알아야 할 상식 등 유용한 정보를 알면 달리기가 더 안전하고 흥미로워진다. 부상 위험을 줄이고, 건강하게 달릴 수 있다. 그런 면에서 이 책은 달리기에 관심은 있지만 정작 어떻게 시작해야 할지 모르는 사람을 위한 책이라고 해야겠다. 물론 나이와 관계없이 체력이 약한 달리기 초보자에게도 도움이 될 것이다.

달리기에서 가장 중요한 요소는 '꾸준히 달리는 것'이다. 오늘 하루 달리고 싶어서 달렸다가 다음 날 근육통과 함께 "달리기는 이제 내 인생에서 안녕!" 하면서 작별하지 않았으면 좋겠다. 일회성 달리기에도 근신경 적응 면이나 운동 효과 면에서 좋은 점은 있다. 하지만 운동은 꾸준히 해야 효과가 있고 건강에도 유익하다. 내가 이 책을 집필할 때 여러 달리기 기술과 정보를 담으면서도 '꾸준히 달리기'를 강조한 배경이다. '꾸준히, 가볍게' 달리기를 하다 보면 40대든 50대든 현재, 그리고 이후에도 건강히 잘 달릴 수 있다. 나이가 들어도 여전히 더 많은 곳을 누빌 수 있을 것이다.

타인의 도움으로 생활하는 일상이 아닌 주체적이고 독립적인 일상을 영위할 미래의 나를 그리며 달려보자. 달리며 얻을 수 있는 크고 작은 많은 기쁨이 이 책을 선택한 독자 여러분에게 함께하시길 기원한다.

차 례

1부 달린다는 것

3부 지속가능한 달리기

마흔, 오늘부터 달립니다

2024년 4월 28일, 오전 11시 10분. 달리기 전 가벼운 스트레칭을 하고 집 근처 보라매공원으로 향했다. 걸을 때보다 발바닥을 지면에서 높게 떼고 체공시간(발이 지면에서 떨어져 공중에 머무르는 시간)을 늘리는 달리기를 시작했다. 한 발걸음씩 번갈아 가며 천천히 움직였다. 아직 달릴 준비가 덜 된 몸이 신호를 보냈다. 오른쪽 무릎 슬개골(무릎에 뚜껑처럼 얹어져 있는 뚜껑뼈, patella) 바깥쪽과 안쪽에 부하가 걸렸다. 참을 만한 통증이었다. 이윽고 경골(정강이뼈, tibia) 앞쪽에 통증이 뒤따라왔다. 움츠렸던 몸통이 움직이면서 좌우 회전이 일어나자 오른쪽 흉근(가슴 근육)이 당기는 듯했다. 왼쪽 고관절(골반과 넙다리뼈 머리 부위를 잇는 관절)도 쑤셨다. 몸 여기저기가 스트레스를 받는다는 듯 삐걱대며 소리쳤다. 쓰지 않던 몸을 움직일 때 일어나는 약간의 반항 수준이다. 느리게 뛰는데도 숨이 찼고, 무릎에 약간 부하가 실리는 것

11

같았다.

보라매공원 초입에 들어서니 진달래를 비롯한 봄꽃들이 반겨 주었다. 마음이 따뜻해졌다. 공원 안 달리기 트랙을 따라 조깅하 듯 천천히 뛰었다. 날씨는 쨍했다. 몸이 조금씩 더워지는 것을 느 끼며 '할 만하다'고 생각했다. 3.35km를 달리는 데 21분 55초 걸 렸다. 1km당 6분 32초. 예전에 한창 뛰었을 때를 생각하면 어이 없는 속도였지만 지금의 내 체력에 딱 맞는 속도다. 더 빨리 달리 면 숨이 차올라 오랜만의 달리기가 좋지 않은 추억으로 남을지 모른다. 가벼운 달리기를 마치고 공원을 걸었다. 풀 향기가 가득 차올랐다. 3~4분 지나니 호흡이 편안해졌다. 내가 달리기를 했나 싶을 정도였다. 허벅지와 종아리 근육이 부은 느낌이었지만, 처 음 뛰려고 나섰을 때의 통증은 차츰 희미해졌다. '몸이 풀렸다'는 표현이 정확하겠다.

나는 밖에서 노는 것을 좋아했다. 여섯 살 이후로는 집에 붙어 있던 기억이 없다. 특히 달리기가 좋았다. 속도가 제법 빠른 편이 어서 친구들과 겨룰 때도 1~2등은 언제나 내 차지였다. 그중 초 등학교 1학년 때의 운동회가 기억에 남는다. 여러 종목이 끝나고 가장 마지막으로 계주(이어달리기)를 했다. 올림픽의 피날레가 마 라톤인 것처럼 계주는 모두의 관심을 집중시키는 종목이다. 나는 1학년 마지막 주자였다. 계주에서는 빨리 달리는 것만큼이나 바 통을 넘겨받을 때 실수하지 않는 게 중요하다. '탕!' 소리와 함께 경기가 시작되었고 곧 환호성이 울려 퍼졌다. 엎치락뒤치락하는 가운데 마지막 주자인 나의 차례가 되었다. 나는 앞으로 슬금슬금 달리며 몸을 약간 뒤틀어 오른손을 뒤로 뻗었다. 바통이 잡혔다. 다리를 쭉 뻗으며 있는 힘을 다해, 가슴까지 숨이 차오르도록 달렸다. 그러나 백팀 대표주자를 따라잡지는 못했다. 아쉬운 결과였지만 그 순간을 나는 '인생 달리기'의 첫 장면으로 기억한다. 그런가 하면 일기를 쓰지 않아 벌칙으로 운동장을 5바퀴 돌았던 기억도 있다. 처음에는 힘들었지만, 어느새 나는 중거리 달리기의 맛을 알아버렸고, 이후로도 계속 일기를 쓰지 않았다. 담임 선생님에게 속내를 들켜 오리걸음을 걷게 되기까지 말이다.

직장인이 되어 사회생활을 하느라 달리기의 'ㄷ' 자마저 잊고 살던 어느 날, 회사 동료가 달리기 대회에 나간다고 이야기했다. 5km, 10km 등 여러 달리기 대회가 있고, 매번 거의 수천 명에서 수만 명이 모일 만큼 성황을 이룬다는 것이다. 또 기념품으로 멋진 티셔츠를 주는데, 참가자들이 똑같은 티셔츠를 입고 도로 위를 줄지어 달리는 모습이 장관이라고 했다. 흥미로웠다. 나도 달리고 싶었다. 어린 시절부터 청소년기에 이르기까지 달리기 대회라면 마다하지 않던 내가 아닌가? 운동에 대한 감각은 몸이 기억한다고 했다. 그러니 충분히 도전해도 될 일이다. 나는 어디 한번 마라톤에 나가 달려보자고 마음먹었다. 20대 중반의 일이다.

처음 참가한 마라톤 대회는 나이키 마라톤이다. 그 이후로 아디다스 마라톤, 뉴발란스 마라톤, 아식스 마라톤, 노스페이스 마라톤, 동아 마라톤, JTBC 마라톤, 서울신문 마라톤, 벤츠 마라톤, 안중근 평화 마라톤 등 해마다 5~7회 참가하곤 했다. 주로 10km

달리기였고, 기록 시간대는 54분~65분 사이였다. 목표는 항상 1시간 이내에 도착하기. 결과와 관계없이 마라톤 대회에 참가하여 달리는 것은 정말 기분 좋은 경험이었다. 그러나 30대 중반을 넘어가며 달리기는 다시 중단되었다.

나는 어느새 일 중독자가 되어 있었고, 둘째가라면 서러운 자동차 예찬론자가 되어 있었다. '굳이 걷고 뛰어야 하나, 그럴 시간에 논문 한 편 더 보아야지.'라고 생각하며 밤잠마저 줄이는 동안 몸은 굳어졌고 체력도 고갈되었다. 체중이 갑자기 줄었고, 머리카락이 가늘어졌고, 얼굴이 푸석푸석해졌다. 결국 나는 병원을 찾았다. 과로의 결과 간 수치가 약간 높았고, 비타민D와 IGF-1(인슐린 유사 성장인자)이 기준치보다 낮았으며, 테스토스테론(남성 호르몬) 수치가 기준치보다 무척 낮았다. 아직 마흔밖에 안 됐는데(IGF-1과 테스토스테론은 성장호르몬 계열의 호르몬으로 성인에게 신진대사, 근육 생성 등에 영향을 미친다). 나는 비로소 사태의 심각성을 깨달았다.

그날로 동시다발적으로 준비했던 모든 계획을 중단했다. 본업을 제외하고는 진행 중이던 여러 프로젝트에 멈춤 버튼을 눌렀다. 햇볕 쬐기와 함께 의학적 처치를 받았다. 12주가 지난 뒤 다시 혈액 검사를 했다. 간 수치는 약간 개선되었지만(아주 미미한 차이), 나머지 수치에는 차이가 없었다. 테스토스테론 수치는 심지어 더 감소했다. 건물을 나서며 혈액 수치에 민감하게 반응하지 말자고 마음먹었다. 대신 방법을 바꿔보기로 했다. 일단 앉아서 일하는 시간을 줄이고, 신체활동 양을 늘리고, 음주 횟수를 줄이고, 좋지 않은 음식을 덜 먹기로 했다. 좋은 습관을 들이기는 어렵지만 나쁜 습관을 하나씩 그만두는 것은 그나마 할 만하다는 생각이 들었기 때문이다.

우선 신체활동 늘리기의 방편으로 운전 시간을 줄였다. 대중교통을 이용했고, 되도록 걸었다. 걷기는 움직이고 싶으면 아무 때나 할 수 있는 가장 수월한 활동이다. 일터에서도 최대한 왔다 갔다 했다. 자세도 이렇게 저렇게 바꾸어 가며 일했다. 그렇게 한 달이 지났지만 소진된 느낌은 사라지지 않았다. 인내심이 요구되는 순간이었다. 그러나 실망하고 포기할 수는 없었다. 실망은 의지를 꺾어 움직이지 않던 예전 삶으로 다시 돌아가게 할 게 뻔했다. 나에게 맞는 가장 효율적인 운동이 무엇일지 고민했다. 일상에서 쉽게 할 수 있는 건 걷기였다. 하지만 걷기만으로는 체력을 키우는 데 한계가 있었기에 걷기를 생활화하는 동시에 일주일에 한두 번 등산을 갔다.

4월 초, 그날도 나는 걷기 목표를 채우기 위해 보라매공원에 갔다. 1986년 5월에 개장한 보라매공원은 시설과 조경이 어우러진 넓고 빼어난 곳이다. 덕분에 이곳에는 걷는 사람이 많다. 그런데 언제부터인가 달리는 사람도 꽤 많아졌다. SNS에도 보라매공원에서 달리기하는 사진이 자주 올라왔을 정도다. 그들을 보면서 문득 '그래, 달리기가 있었지!' 싶었다. 달리기에 열심이었던, 마라톤 대회에 나가는 게 취미였던, 20~30대 시절이 떠올랐다. 달리기는 그 어떤 운동보다도 시간 대비 효율적이며 안전한 운동이다. 도구도 필요 없다. 나의 발에 잘 맞는 운동화 한 켤레와 뛸 시간만 있으면 그만이다. 시작하지 않은 사람에게는 어려워 보이지만 막상 하고 나면 쉬운 달리기. 그래서 달리기는 더 매력적이다.

바람이 막 따뜻해지던 봄날, 40대의 나는 다시 달리기로 마음먹었다. 그리고 그로부터 2주일 후 나는 조심스럽게 첫발을 내디뎠다.

1부

달린다는 것

움직이는 인간

스포츠는 동물의 움직임에 가장 가까운 활동이다

운동을 잘하는 사람을 일컬어 흔히 '동물적 움직임을 가진 사람' 또는 '운동신경이 뛰어난 사람'이라고 표현한다. 만물의 영장이라는 둥 신의 영역에 도전한 두뇌라는 둥 인간을 칭송하지만, 따지고 보면 인간 역시 포유류에 속하는 동물이다. 그러니 인간이 동물적 움직임을 가지고 있다는 표현도 절대 어색하지 않을 터다.

인간은 여느 동물처럼 자연선택 및 적응의 결과로 진화해왔다. 자연환경을 비롯한 사회적 장해물을 극복하기 위해 운동 능력을 신장시켰다. 농경 생활 전에는 채집과 사냥을 위해 걷거나 달렸다. 사냥에 성공하면 며칠은 먹고살 수 있으니 휴식을 취할 수도 있었다. 이후 농경 생활을 시작하면서 작물을 한꺼번에 많이 얻게 되었고 잉여분을 저장하는 생활이 가능해졌다. 더는 식량을 얻기 위해 매일 움직이지 않아도 되었다. 한마디로 이전에 비해 먹고사는 걱정이 줄어든 것이다. 현대 사회에 와서는 음식을 얻기가 더 쉬워졌다. 일상의 거의 모든 순간을 함께하는 편리한 기기들 덕에 인간의 움직임은 대폭 줄어들었다. 그뿐인가? 인간에게 위협적이었던 타 생명체의 개체수가 줄어들면서 생존 걱정도 덜게 되었다. 인간은 마침내 최상위 포식자가 되었다.

최근 우리 사회를 보자. 앉아서 일하는 직군이 대폭 늘어나면서 상대적으로 몸을 많이 써야 하는 일, 우리가 흔히 노동이라고 부르는 일에 종사하는 사람은 자꾸 줄어들고 있다. 덕분에 대다수 직장인은 움직이지 않는 생활 행태를 일삼는 '좌업 생활자'로 살아간다. 그야말로 밖에서는 의자와 함께, 집에서는 침대와 함께하는 생활이다. 그러나 몸이 편해질수록 건강 경고등의 알람은 더 자주 울리게 되었다. 움직여야 하는 자연의 흐름을 거스르면서 몸이 퇴화했기 때문이다.

인간이 동물 종 본연의 활발한 움직임을 되찾는 데 가장 큰 도움을 주는 것이 스포츠 활동이다. 스포츠는 일상의 여러 움직임을 오랜 시간에 걸쳐 극대화한 것으로서 각각의 동작이 '종목'이라는 이름으로 발달해왔다. 예를 들어 올림픽 종목 중 100m 달리기, 42.195km 달리기, 높이뛰기, 멀리뛰기 등 육상 분야를 보라. 먹이를 얻기 위한 동물의 원초적인 움직임이나 생존을 위한 여타 움직임과 비슷하지 않은가?

인간과 기타 동물의 다른 점은 인간은 생존과 관계없는 경우에도 때때로 오락적 움직임을 원하여 이를 직접 해내거나 관람하며 즐긴다는 사실이다. 올림픽 같은 경기에서는 좋은 성적으로 메달을 따낸 운동선수를 치켜세우며 영웅처럼 환호한다. 비단 운동을 전문으로 하는 선수가 아니더라도 우리는 자기 몸을 잘 이해하고 더 잘 움직이고 싶어 한다.

요즘, 전문가는 물론 대중의 요구에 부응하기 위해 안전하고 적절한 몸의 움직임, 그리고 효율성을 높이는 움직임에 대한 다양한 연구가 스포츠과학 혹은 운동과학 분야에서 이루어지고 있다. 이때 가장 기본이 되는 것이 동물의 움직임을 관찰하고 분석하여 인간의 경기력 향상에 적용해보는 일이다. 자연 세계에 나타나는 동물의 다양한 움직임을 통해 인간이 진화할 수 있는 방법을 찾는 셈이다.

코끼리 vs. 치타 vs. 인간

자연에서는 움직이는 속도가 빠른 동물이 느린 동물보다 생존에 유리하다. 느릿하게 어슬렁거리다가는 육식 동물에게 잡아먹히기 십상이다. 물론 풀숲에 몸을 숨긴다든지 위장술을 발휘한다든지 나무 위에 올라감으로써 타고난 느린 움직임을 보호할 수도 있다. 어떤 종은 몸에서 고약한 냄새나 액체를 뿜어 스스로를 보호하기도 한다.

일반적으로 덩치가 큰 동물이 작은 동물보다 생존에 유리하다. 몸집이 클수록 강력한 힘을 내기 마련인데, 일반적으로 형태가 클수록 근육이 더 많이 발달하여 힘 생산과 속도 면에서 유리하다.

몸집이 아주 크고 움직임이 느릿해 보이는 코끼리의 속도는 어떠할까? 아시아코끼리 종의 경우 시속 40km로 움직인다. 자동차를 운전할 때 시속 40km 속도로 주행한다고 생각하면 된다. 결코 느린 속도가 아니다. 코끼리가 이처럼 생각보다 빠른 이유는 몸집이 크기 때문이다. 가장 크고 무거운 동물이지만 다리가 길다. 보폭이 넓기에 속도도 짐작보다 제법 빠른 편이다. 코끼리가 시속 40km로 쫓아온다고 생각하면 무섭지 않은가?

형태에 영향을 미치는 것은 뼈, 근육, 관절, 신경, 심폐기능 등 여러 요소이다. 그중 뼈와 근육의 역할이 움직임에 가장 큰 영향을 미친다. 인간도 마찬가지다. 뼈와 근육이 발달할수록 더 잘 움직일 수 있다.

흔히 '달리기가 빠른 동물' 하면 치타를 떠올린다. 먹이를 잡기 위해 필사적으로 전력 질주하는 치타를 상상해보자. 치타의 최고 속도는 110km/h 전후이다. 고속도로를 시속 110km로 달리는 것과 같다. 하지만 치타에게도 약점이 있다. 약 500m 이하의 거리에서만 최고 속도로 달릴 수 있다는 것이다. 장거리를 시속 110km로 계속 달릴 수는 없다. 치타는 어떻게 해서 순간적으로 빨리 달릴 수 있는 것일까?

속도가 아주 빠른 동물들의 뛰는 형태는 대개 유선형이다. 압력 저항을 줄이는 데 유리하기 때문이다. 치타는 다른 고양잇과 동물보다 다리가 길어서 보폭이 약 6~8m에 달한다. 한 번 발걸음을 뗄 때마다 휙휙 지나가는 것처럼 보인다. 다리가 길다 보니 앞다리 위쪽 관절을 상대적으로 많이 움직인다. 또한 치타는 척추가 유연하다. 덕분에 빠른 속도로 달려도 치타 몸무게의 70% 정도 부하를 지탱할 수 있다. 치타의 척추 주위 근육은 달리는 속도의 10%가량을 높여준다. 척추와 다리 관절의 유연성 및 코어 근육이 달리기 속도와 경기력에 도움을 준다는 것이 확인되는 지점이다. 하지만 우리는 치타가 단거리를 폭주하듯 달리면 안 된다. 장거리 달리기에는 에너지를 효율적으로 분배해서 꾸준히 달리는 방식이 필요하다.

인간은 어떻게 다른 동물과 달리 42.195km 마라톤이나 울트라 마라톤 같은 지구력을 요하는 달리기가 가능할까?

우선 인간에게는 열 방출 능력이 있다. 인간은 타 동물에 비해 상대적으로 털이 거의 없고, 땀샘 밀도가 높아 땀을 적절하게 배출할 수 있다. 털이 많이 달린 옷을 입고 뛴다고 상상해보라. 더워서 쉽게 지치고, 달리기도 쉽지 않을 것이다. 둘째, 인간은 엉덩이 근육이 발달했다. 엉덩이 근육은 달릴 때 추진력을 주고, 몸의 무게 중심을 잡아준다. 셋째, 인간은 균형감각이 발달했다. 귓속의 반고리관이 머리의 움직임과 균형감각을 감지하고 유지해준다. 마지막 특성은 인간이 두 발로 직립하는 동물이라는 점이다. 네 발로 걷다가 달리는 경우 전속력으로 달리는 데 필요한 한계속도가 있다. 인간은 동물보다 전력 질주하는 단거리 달리기 능력은 떨어지지만, 지구력 있게 달리는 능력만큼은 네발 동물의 전환 속도를 넘어선다. 이와 같은 특성이 바로 인간이 장거리를 달리는 데 적합한 요인들이다.

네 발 자세로 생활하면 어떨까 하고 생각해본 적이 있다. 네 발 자세는 척추에 무리를 덜 가게 한다. 그러나 두 발 직립은 중력을 이기면서 척추의 만곡을 만든다. 이로써 척추 관절에 부하가 더 생긴다. 반대로 네 발 자세는 척추 부하를 줄여 척추 질환을 줄일 수 있다. 하지만 네 발 동물도 퇴행성관절염이 생기기에 자연스레 척추 관절에 노화가 온다. 게다가 네 발 자세는 팔다리를 분리해서 쓰는 능력이 떨어지므로 움직임의 효율성 측면에서도 좋지 않다.

반면 두 발 직립 자세는 발바닥, 발목, 무릎, 고관절, 골반으로 이어지는 하체의 움직임이 상하, 좌우, 전후로 움직일 수 있게 설계되었다. 손, 팔꿈치, 어깨, 견갑골(날개뼈)로 이어지는 상지의 움직임은 걷거나 달리면서 전화 통화도 가능하게 해준다(네 발 자세로 생활하면 걸으면서 핸드폰을 쓸 수 없다). 이 말은 곧 직립 자세는 달리면서 음식을 먹는 등 오래 달리는 데 유리한 동작을 가능하게 해준다는 뜻이다.

인간의 직립 보행은 여러 단점도 있지만, 이렇듯 장점이 더 많아 보인다. 특히 장거리 달리기의 관점에서 보면 더욱 그렇다.

달리기에 쓰이는 여덟 가지 주요 근육

인간의 근육이 기능적으로 어떻게 쓰이는지 알면 좋다. 움직임을 일으키는 핵심 열쇠는 근육이기 때문이다. 근육은 심장근, 내장근, 골격근으로 크게 나눌 수 있다. 심장근과 내장근은 불수의 근(不隨意筋)이다. 수축과 이완을 의도적으로 할 수 없는 근육이라는 뜻이다. 심장을 자유자재로 수축하고 이완시키거나 조절할 수 있는 사람은 없다. 만약 그럴 수 있다면 오히려 더 위험할 것이다. 심장근은 유산소 운동, 무산소 운동을 통해 충분히 강화할 수 있다. 심장은 호흡이 자연스럽고 혈액 순환이 잘될 때 제대로 기능한다. 이때 운동은 심박출량과 심박수, 최대 산소 섭취량 등 심장과 폐 기능에 직간접적으로 영향을 준다. 내장근 또한 스스로 움직일 수 없다.

한편 신체의 40~50%를 차지하는 골격근은 수의근(隨意筋)이다. 눈을 위로 치켜뜨거나 아래로 내려보자. 시선을 좌우로 왔다 갔다 해보자. 눈은 골격근의 영역이기에 움직임 조절이 가능하다. 이렇듯 인체의 주요 골격근은 인간의 의지로 수축과 이완이 가능하다.

하지만 몸을 잘 움직이지 않으면 주요 골격근도 퇴화한다. 내 몸이 내 마음대로 움직이지 않을 때가 바로 그런 때다. 또한 나이가 많아질수록 움직임도 떨어진다. 좋은 소식은 노력 여하에 따라 움직임을 어느 정도 좋게 만들 수 있다는 점인데, 젊을 때부터 근육을 조절하기 위해 노력한다면 고령에도 유연하고 튼튼한 몸을 가질 수 있다. 내가 아는 83세 여성 한 분은 지금도 다리를 앞뒤 좌우로 일자가 되게 뻗을 만큼 몸이 유연하다.

달리기에서는 근육이 중요하다. 기능적으로 주요한 근육은 대둔근, 중둔근, 대퇴사두근, 햄스트링, 비복근, 전경골근, 복직근,

척추기립근이다. 모두 몸통과 하체에 큰 힘과 안정성을 제공하는 근육들이다.

대둔근은 엉덩이 근육 중 가장 큰 근육으로 고관절을 뒤로 펼 때 사용한다. 대퇴골(넓적다리뼈)을 뒤로 움직이면 대둔근이 수축한다. 대둔근이 약하면 고관절을 뒤로 뻗는 동작이 잘되지 않는다. 고관절을 뒤로 뻗는 동작이 제한되면 걷거나 달릴 때 뒤로 펴는 동작이 정상 가동범위보다 상대적으로 짧아진다. 즉 고관절 앞쪽이 짧아지면 뒤쪽으로 몸을 펴는 동작이 제한되기도 한다. 이렇듯 고관절의 가동범위가 줄어들면 보폭이 줄어들고, 앞으로 나아가는 추진력은 약해진다. 한쪽 다리가 앞으로 나아갈 때 반대편 다리는 뒤로 쭉 뻗는 동작이 크게 나타날수록 한 걸음당 넓은 보폭을 유지할 수 있다.

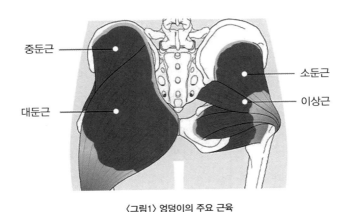

〈그림1〉 엉덩이의 주요 근육

현대인들은 주로 오래 앉아서 생활하기에 대둔근이 약해져 있다. 대둔근을 발달시키지 않는다면 골반과 허리를 안정성 있게 잡아주지 못한다. 브리지, 스쿼트, 런지 형태의 운동으로 평소 대둔근을 잘 강화한다면 허리를 보호하는 데 유리할 뿐 아니라 달리기 수행력도 향상할 수 있다.

중둔근도 엉덩이 근육 중 하나다. 중둔근은 고관절 외측에 붙어 있는 근육으로 걷거나 달릴 때 골반과 고관절을 안정감 있게 받쳐준다. 중둔근이 비대칭이거나 약하면 골반 높낮이가 많이 흔들리는 모습을 관찰할 수 있다. 중둔근은 대퇴골을 옆으로 벌리는 작용을 한다. 특히 달릴 때 한 발로 서 있는 자세가 되면 골반이 반대쪽으로 치우치지 않게 잡아주는 역할을 한다. 양쪽 중둔근이 비대칭일 경우 골반이 틀어진다. 골반 비대칭은 달릴 때 한쪽으로 체중 부하가 실려서 고관절과 무릎 관절, 그리고 발목관절에까지 무리를 준다. 양쪽 중둔근이 균형을 잡고 강화되어야 상하좌우 체중 이동과 분산 동작이 제대로 이루어진다는 점을 명심하자.

허벅지 근육은 대퇴사두근과 햄스트링이 대표적이다. 대퇴사두근은 허벅지 앞쪽의 넓고, 큰 근육을 말한다. 대퇴사두근은 고관절을 위로 들어 올리거나(고관절 굴곡) 무릎을 펴는 역할(무릎 신전)을 한다. 고관절 움직임 중 허벅지를 위로 들어 올리는 힘이 약하면 보폭이 적어진다. 위로 올리는 관절 가동범위가 높아야 앞으로 내디딜 때 거리 폭이 더 커지기 때문이다. 대퇴사두근은 근육이 4개(대퇴직근, 중간광근, 반막양근, 외측광근)로 이루어졌다. 그중 고관절과 무릎까지 이어지는 대퇴직근이 짧아지면 고관절을 펴는 동작이 제한된다. 무릎을 구부리는 동작도 제한된다.

그래서 달리기 시작 전후 단축된 대퇴직근을 스트레칭을 통해 잘 늘려야 한다. 외측광근은 대퇴사두근 바깥쪽에 위치하며 가장 크다. 외측광근이 너무 발달하면 대퇴골을 바깥쪽으로 더 쏠리게 하고, 무릎에는 무리를 준다. 무릎에 오는 퇴행성관절염은 외측광근이 우세하고 반막양근이 약해져 무릎 균형이 깨지면서 발생하기도 한다. 무릎 퇴행성관절염이 있는 환자의 경우 다리가 O자인 것을 종종 볼 수 있다.

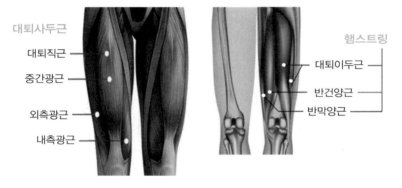

〈그림2〉 허벅지 주요 근육

햄스트링은 허벅지 뒤에 있는 큰 근육이다. 주로 무릎을 구부리는 동작을 하고, 고관절을 뒤로 펴는 동작을 보조한다. 달리기를 할 때는 무릎을 구부리고 펴는 동작이 순차적으로 일어나면서 발이 지면에 닿고 체공하고 발끝이 떼지는 일련의 디딤기와 흔듦기 같은 달리기 주기가 일어난다. 다리를 앞으로 뻗기 전 일정한 무릎 구부림이 필요하다는 뜻인데, 햄스트링이 과도하게 짧다면 갑자기 강한 힘으로 펴질 때 찢어질 수 있다. 반대로 햄스트링이 과도하게 수축하면 힘을 쓸 때 쥐가 날 수 있다. 햄스트링은 인체 근육 중 파열(찢어짐)이 가장 많이 일어나므로 평소 근육이 뭉치지 않도록 잘 풀어주고, 적절한 길이 확보를 위해 스트레칭을 잘 해줘야 한다.

대퇴사두근은 햄스트링과 앞뒤 힘 생성의 비율이 3:2일 때 이상적이다. 어느 한쪽이 과도하게 우세하다면 고관절과 무릎에 부하가 많이 걸리고, 비정상적인 보행과 달리기 주기가 일어날 수 있다.

경골(정강이뼈) 앞에는 전경골근(앞정강근), 뒤에는 비복근(장딴지근)이 위치한다. 전경골근은 발목을 위로 들어 올린다. 달리기 시 발목이 발등 쪽으로 올라가지 않으면 지면에 닿는 발뒤꿈치 닿기 동작이 잘 일어나지 못한다. 전경골근이 약하거나 들어 올리는 동작이 제한되면 발바닥이 지면에 전체적으로 닿게 되면서 피로를 더 느끼게 된다. 전경골근이 약한 경우 돌부리에 걸려 넘어지는 경우도 생긴다. 고령층에서는 전경골근이 약해져 낙상이 발생하기도 한다.

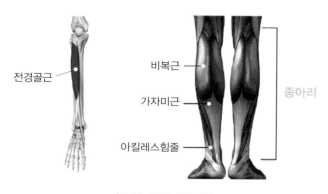

전경골근

비복근

가자미근

아킬레스힘줄

종아리

〈그림3〉 다리의 주요 근육

비복근은 종아리 근육을 말한다. 발뒤꿈치가 들릴수록 비복근이 더 강하게 쓰인다. 달리기 시 발목이 앞으로 구부려지며, 강한 발가락 떼기로 추진력을 얻게 한다. 비복근이 약하면 보폭과 걸음 수를 늘리는 동작이 제한된다. 또한 비복근은 수축 이완하면서 펌프 작용을 통해 원활한 혈액 순환을 돕는다. 비복근이 약하면 혈액 순환에 영향을 준다. 그래서 달리기 후에 비복근이 부어 있다면 종아리를 잘 풀어 좋은 근육 상태로 유지하도록 노력해야 한다. 비복근이 과도하게 짧다면 발목이 삐는 염좌나 만성 발목 불안정성이 생길 수 있다. 비복근을 평소 잘 풀어주고 강화시켜야 발목관절의 정렬과 움직임이 잘 일어난다.

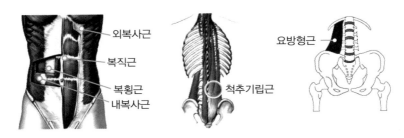

〈그림4〉 몸통의 주요 근육

몸통 근육은 인체의 중심을 이루므로 코어근육이라 부르기도 한다. 몸통 근육 중 복근, 요방형근, 척추기립근은 달리기할 때 쓰이는 주요 근육이다. 특히 복직근은 날숨 때 더 쓰인다. 왕(王)자 근육인 복직근이 약하면 복식 호흡이 잘 일어나지 않는다. 달리기를 할 때 무난히 호흡을 조절하려면 복직근을 강화해야 한다. 하지만 평소 복직근은 운동이 가해지지 않는 부위여서 겉에서 보면 (배가) 앞으로 나오거나 늘어지는 경우가 많다. 복직근이 약하면 상대적으로 허리 근육을 더 우세하게 사용하게 된다.

요방형근은 허리척추 뒤쪽에서 골반으로 이어지는 근육이다. 양쪽이 다 쓰일 때는 허리를 펴는 동작을 하고, 한쪽이 쓰일 때는 골반을 들어 올리는 역할을 한다. 골반과 척추가 휘어 있다면 요방형근이 비대칭일 확률이 높다. 요방형근은 허리를 안정적으로 받쳐주고 골반과 척추로 이어지는 움직임이 생길 때 중요한 역할을 한다. 요방형근이 긴장되면 허리통증이 생길 수 있다.

척추기립근은 척추 뒤에 위치해 척추를 세우는 근육들을 말한다. 척추기립근이 약하면 몸통이 앞으로 기운다. 달리기 시에는 몸통을 곧게 세우고 무게 중심을 최대한 수직으로 두는 자세를 취해야 에너지 효율성이 좋다. 몸이 앞으로 기울수록 앞쪽의 주요 호흡근이 쓰일 수 있는 범위가 줄어든다. 들숨 작용이 잘 일어나지 않으면 더 많은 산소를 들이지 마시지 못하기 때문이다. 따라서 흉곽을 이루는 몸통의 앞부분인 가슴이 상방과 전방으로 잘 부풀어 오르게 하고, 갈비뼈(늑골)는 옆으로 잘 벌어져 호흡이 편안해지도록 몸통을 바로 세워야 한다. 특히 척추기립근은 중력을 이겨내는 항중력근으로 자세 유지에 중요한 역할을 한다.

달리기할 때 쓰이는 여덟 개의 주요 근육은 육상 동물에게서도 흔히 찾아볼 수 있다. 그중 인간은 특히 엉덩이 근육(대둔근과 중둔근)과 척추기립근이 다른 동물보다 더 발달하여 직립보행이 가능해진 것이다. 인간이 직립 자세로 달리기를 할 수 있는 배경이다. 인간의 신체 움직임은 근육과 관절을 포함한 다양한 조직의 기능이 균형 있고 조화롭게 작용할 때 원활하게 이루어진다. 특히, 달리기를 보다 깊이 이해하려면 근육의 해부학적 구조, 생리학적 작용, 그리고 역학적 원리를 함께 고려해야 한다. 이는 인간 외의 육상 동물에게도 유사하게 적용된다. 단순해 보이는 호흡부터 골격의 원활한 움직임에 이르기까지 거의 모든 운동이 근육을 통해 일어나기 때문이다.

30대 중반이 되면 자연스럽게 근육량과 근력이 감소하기 시작한다. 이로 인해 퍼포먼스(수행 능력 또는 경기력)도 함께 떨어질 수 있다. 인체의 근육을 유연하고 부드럽게, 때로는 강하게 활용하는지는 달리기 능력을 결정짓는 중요한 요소이다. 톱니바퀴가 완벽히 맞물려 돌아가듯 근육이 조화롭고 균형 있게 작용할수록 부상을 줄이고 경기력을 더욱 향상시킬 수 있다.

마흔 이후에 달리기를 시작했다면, 근육을 효과적으로 관리하고 조절하는 것이 안전하게 오래 달릴 수 있는 핵심 비결 중 하나다. 근육을 소중히 관리하며 움직이자. 그것이 안전하고 즐거운 달리기의 시작이다.

근육 상태는 흔히 건강진단센터, 피트니스 센터 등에 있는 체성분 분석기인 '인바디'로 체크한다. '인바디' 측정을 통해 체성분 분석(체수분, 단백질, 무기질, 체지방량, 체중), 골격근량, 체지방량, BMI(신체질량지수), 체지방률을 알 수 있다. 골격근량, 체지방량은 각각 표준 이하, 표준, 표준 이상으로 분류한다. 부위별 근육, 체지방도 알 수 있어 신체 균형 상태를 추정할 수 있다. 다만 '인바디' 분석 결과에는 오차 발생이 있을 수 있기에 절대적 수치라고 믿어서는 안 된다. 체성분 분석을 통해 골격근량과 균형을 알아보고, 신체 상태에 경각심을 가지고 운동에 임하는 게 좋다. 근육량이 표준 이하인 경우 근력, 심폐지구력이 낮을 확률이 높다. 무턱대고 달리기보다 기초체력의 중요성을 알고 준비할 것을 권한다. 근육이 비대칭일 경우 달릴 때마다 한쪽에 부하가 많이 생겨서 달리기를 오래 할수록 몸이 더 불편해질 수 있다는 점도 기억하자.

근육량 못지않게 근력과 근육의 기능도 중요하다. 자신의 근력과 근육 기능 상태를 확인하려면 병원이나 피트니스센터에 가서 측정 장비를 이용해 알아보거나 전문가에게 도움을 요청하라.

걷기 vs. 달리기

달리고 싶다면 오늘부터 걷자

평소 신체활동이 부족한 사람은 체력이 바닥난 경우가 많다. 아마 "운동은 숨 쉬는 정도만 해요."라는 말에 공감하는 이들도 있을 것이다. 하루 8시간에서 많게는 12시간까지 일하고, 집에 돌아가 잠만 자는 상황을 반복하다 보면 체력을 기를 시간 자체가 없다. 여기에 삶의 스트레스를 보상하려고 달달한 음식을 찾기 시작하면 배와 허벅지에 살이 두툼하게 쌓이고 몸은 점점 무거워진다. 결국 잠에서 깨어 가볍게 스트레칭을 하는 것조차도 힘들어지고, "아이고!"라는 비명만 절로 나온다.

40대 이후에는 신체활동이 더 줄어들며, 몸을 움직이는 것 자체가 괴롭고 고통스러울 수 있다. 움직일 때마다 목, 어깨, 허리, 무릎, 발목 등 신체 곳곳에 통증이 느껴지면, 움직이는 것조차 두려워지고 이는 점점 더 몸을 사용하지 않게 하는 악순환으로 이어진다.

　다시 달리기를 시작하고 싶다면 걷기부터 해야 한다. 올바른 걷기 자세를 익히고, 자신의 걸음 수를 서서히 늘려야 한다. 작은 발걸음부터 시작해 건강한 몸으로 되돌아가는 길을 만들어보자.

　나 역시 달리기를 다시 하겠다고 마음먹고 난 후에도 한 달 동안은 뛰지 않았다. 그저 걷기만 하며 지친 심신을 추스르는 시간을 가졌다. 번아웃 상태였던 몸과 마음으로는 바로 달리기에 돌입할 엄두가 나지 않았던 탓이다. 대신, 운전 시간을 줄이고 대중교통으로 출퇴근하며 틈나는 대로 걸었다. 점심을 먹고 바로 의자에 앉지 않고 주변 공원을 산책했다.

　나의 일터가 있는 여의도에는 여의도한강공원, 여의도공원, 샛강생태공원, 앙카라공원 등 크고 작은 공원이 많다. 어떤 날에는 윤중로(국회의사당 옆 도로)를 따라서 걷기도 했다. 처음에는 약 20분 정도씩 걸었다. 여의도한강공원에 나가 돗자리를 펴고 깔깔거리는 사람들, 편하게 누워서 쉬는 사람들을 바라보며 여유를 찾기도 했다. 나는 되도록 저녁보다는 낮에 걸었다. 햇볕을 쬐며 비타민D 생성을 돕기 위해서였다.

　하루는 여의도한강공원을 걷고, 다음 날은 여의도공원을 돌아보는 식으로 다양한 코스를 걸었다. 여의도공원은 곳곳에 조형물, 연못, 화초 등 조경이 아름다워서 걷기에 제격이었다. 초여름이면 빨강, 노랑, 흰색 등 형형색색으로 피어난 장미꽃을 감상하기도 했다. 연못에는 듬성듬성 피어오른 연꽃이 보였는데, 그 모습을 보며 문득 고즈넉한 산사(山寺)를 떠올리기도 했다.

〈그림5〉 여의도공원

〈그림6〉 여의도샛강생태공원

〈그림7〉 앙카라공원

샛강생태공원은 우거진 풀숲이 참 좋다. 생태공원답게 자연 그대로 보전이 잘되어 있다. 맨발 걷기 코스도 있다. 양말을 한 손에 쥔 채 천천히 흙 땅을 걸어가는 사람도 많이 보인다. 태초의 인간은 맨발로 걷고 뛰었을 것이다. 그러는 동안 차츰 발바닥과 발의 피부가 단단해졌을 터다. 시간이 흘러 인류는 발을 보호하기 위해 신발을 고안해냈고, 이제는 패션의 마침표로 다양한 신발을 준비한다. 그런데 다시 신발을 벗고 흙 땅을 밟는다니! 모든 생명체의 건강은 자연 그대로에 머무를 때 최적의 상태를 유지할 수 있음을 인정한 것일까.

앙카라공원은 서울시와 자매 도시인 튀르키예의 앙카라를 기념하여 조성한 공원이다. 규모는 크지 않지만, 잘 가꿔진 풀숲이 공원에 운치를 더한다. 곳곳에 휴게 공간이 있어 그늘에서 여유롭게 휴식을 취하는 사람들을 쉽게 볼 수 있다. 가끔 드라마나 영화 촬영이 이곳에서 이루어지기도 하는데, 여의도에 여러 방송국이 있어서 그런지 촬영 현장을 심심찮게 목격할 수 있다.

나는 이렇게 하루에 한 번씩 여의도 소재 공원들을 돌아가며 걸었다. 단순한 걷기였지만, 자연과 가까워지는 시간이었고, 지친 몸과 마음을 가볍게 해주는 귀한 여정이었다.

1시간 정도 걷기에 익숙해지자 이제 달리기를 시작해도 되지 않을까 하는 자신감이 생겼다. 걷기도 두 발을 번갈아 떼고 들기에 순간적으로나마 공중에 떠 있는 체공시간이 생긴다. 달리기는 걷기에 비해 보폭이 넓어지고 체공시간도 더 길어진다. 체공시간이 길수록 착지 시 무릎과 발목에 가해지는 부하도 커진다. 또한 달리기는 걷기보다 더 높은 유산소 운동 능력을 요구하는 종목이므로 체력이 부족한 상태에서 무리하게 시작하면 큰 낭패를 볼수 있다.

아픈 경험을 해본 사람이라면 알고 있을 것이다. 첫 경험이 매우 중요하다는 점을 말이다. 달리기를 다시 시작했는데 온몸이아프고 힘들었다면 다시 시도하지 않게 된다. 부상의 위험이 크다는 것을 몸이 먼저 기억하는 탓이다. 달리기를 쉽게 보면 안 되는 배경이다.

신생아가 서기와 걷기를 시작하려면 생후 11~15개월 정도 시간이 지나야 한다. 그러다가 4~5세쯤 되면 제법 안정적인 걸음걸이를 보인다. 이때 걷는 움직임이 점점 다듬어진다. 뛰고 넘어지기를 반복하며 독립적인 이동 능력을 형성하게 된다. 성인이 되면 걷기는 당연한 능력으로 내재화된다. 평평한 길에서는 눈을감고도 걸을 수 있을 정도로 익숙해지는 것이다. 그러나 고령이될수록 다시 걷기가 어려워진다. 근육량과 근력이 줄고 균형감각도 떨어지기 때문이다. 상체는 점점 구부정해지고, 앞으로 넘어질 듯 위태로운 자세로 걷게 된다.

아이 시절의 낙상과 고령층의 낙상은 건강에 미치는 위험의 차원이 확연히 다르다. 걷기는 독립적인 생활을 유지하는 데 가장중요한 기능이다. 요즘은 중년층조차 자세가 구부정하고 체력이약해져 걷는 모습이 위태로워 보일 때가 많다. 70대 이전에도 언제든 걷기가 힘들어질 수 있다는 뜻이다. 걷기를 만만하게 보면안 된다. 걷기는 우리 삶의 가장 기본적인 능력이자 건강과 독립성을 유지하는 데 핵심적인 역할을 하기 때문이다.

체력이 바닥난 상태에서 걷기를 시작하려면 처음에는 하루 30분씩만 걷는 것이 좋다. 이 30분을 10분씩 나누어서 걸어도 충분히 운동 효과를 얻을 수 있다. 하루 30분씩 걷는다면 일주일에 총 210분을 걷게 되므로 꾸준히 실천하는 것만으로도 큰 변화가 있을 것이다. 이후에는 몸 상태에 따라 하루 걷기 시간을 5분씩 점진적으로 늘려가는 것이 효과적이다. 걸음 수로 계산한다면 성인의 평균 보폭이 약 70~80cm이므로 빠른 걸음으로 걸으면 10분에 약 천 보를 걷게 된다. 하루 삼천 보에서 시작해 조금씩 늘려가도 좋다. 만 보 걷기가 좋다는 이유로 처음부터 무리하게 만 보를 고집하면 안 된다. 목표는 점진적이고 현실적으로 설정해야 한다.

세계보건기구(WHO)가 권장하는 신체 활동량에 따르면 일주일에 중강도 운동은 최소 150분, 고강도 운동은 75분이 필요하다. 운동 강도에 관해서는 토크 테스트(talk test)와 운동 자각도(rating perceived exertion, RPE)를 활용해 자신의 상태를 주관적으로 파악할 수 있다. 예를 들어 토크 테스트는 운동 중 말을 할 수 있는 정도로 강도를 평가하며, 운동 자각도는 1부터 10까지의 척도를 기준으로 10에 가까울수록 강도가 높음을 의미한다. 이처럼 자신의 체력과 상태에 맞춰 시작하고 점진적으로 늘려가면, 무리하지 않고 건강하게 운동 습관을 형성할 수 있다.

운동 수준	토크 테스트 (talk test)	운동 자각도 (RPE)	목표 심장박동수
저강도	옆 사람과 편하게 대화를 나눌 수 있다.	4 이하	최대 심장박동수의 57~63%
중강도	이마에 땀이 살짝 나거나 약간 숨이 차지만 옆 사람과 대화는 가능하다.	5 ~ 6	최대 심장박동수의 64~76%
고강도	숨이 많이 차서 옆 사람과 대화하기 힘들다.	7 ~ 8	최대 심장박동수의 77~95%

〈표1〉 운동 강도 테스트

처음에는 저강도 운동으로 시작한다. 걷는 데 익숙해지면 점차 시간을 늘리거나 속도를 올려 중강도로 느껴질 만큼 걷는다. 이렇게 점진적으로 근력, 근지구력, 그리고 심폐지구력을 쌓아나가는 것이 중요하다. 무리하지 않고 조금씩 늘려가는 것이 핵심이다. 컨디션이 좋다고 갑자기 오래 걷거나 속도를 올리면 오히려 부상의 위험이 있다. 중요한 점은 '단 하루' 운동으로 끝내는 것이 아니라 지속 가능한 습관을 만드는 것이다.

하루에 60분 정도 걷는 데 익숙해졌다면, 이제 천천히 달리기를 시작해보자. 첫 달리기는 5분을 목표로 설정한다. 걷기에 익숙해졌다고 해도 달리기에서는 근육과 관절의 쓰임이 다르기 때문에 처음에는 몸이 거부감을 느낄 수 있다. 이때는 몸을 달래듯 가볍게 5분만 달리는 것이 좋다. 5분이 무리 없이 느껴진다면

10분으로 늘려본다. 이렇게 5분씩 점진적으로 시간을 늘려간다.

　시간 대신 거리를 기준으로 삼아도 좋다. 예를 들어 처음에는 1km를 목표로 하고, 이후 1.5km, 2km, 2.5km로 0.5km씩 거리를 늘려갈 수 있다. 운동 시간이나 거리를 늘릴 때는 일주일에 10% 이상 증가하지 않도록 조절하는 것이 부상을 예방하는 안전한 방법이다.

　달리기를 할 때도 토크 테스트나 운동 자각도를 활용해 자신의 운동 강도를 체크한다. 이러한 방법을 통해 과하지도 부족하지도 않은 적절한 강도로 안전하게 달리기를 즐길 수 있다.

보행 주기와 움직임

　걷기와 달리기는 언뜻 비슷해 보이지만, 세부적으로는 차이가 많다. 두 발로 보폭을 만들어 이동한다는 점에서는 같지만, 보행 주기의 비율, 사용되는 근육의 정도, 그리고 움직임의 특성에서 뚜렷한 차이가 난다. 걷기는 보행 주기로 나뉘어 분석된다.

　전통적인 걷기 주기는 크게 디딤기(stance phase)와 흔듦기(swing phase)로 구분된다. 디딤기는 발뒤꿈치가 닿는 순간부터 발바닥 닿기, 중간 디딤기, 그리고 발꿈치 떼기까지의 과정을 포함한다. 흔듦기는 발가락이 땅에서 떨어지는 순간부터 초기 흔들기, 중간 흔들기, 후기 흔들기로 이어지는 단계를 말한다.

　걷기 주기를 100%로 봤을 때, 디딤기는 약 62%, 흔듦기는 약

40%를 차지한다. 이는 걷는 동안 발이 지면에 닿아 있는 시간이 더 길다는 것을 의미하며, 안정성과 효율성을 높이는 특징이 있다. 이러한 걷기 주기의 특성은 달리기와 비교했을 때 확연히 다른 점 중 하나로, 달리기에서는 체공시간이 생기고 지면에 닿아 있는 시간이 훨씬 짧아진다.

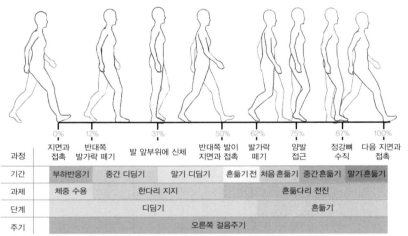

과정	지면과 접촉	반대쪽 발가락 떼기	발 앞부위에 신체	반대쪽 발이 지면과 접촉	발가락 떼기	양발 접근	정강뼈 수직	다음 지면과 접촉
기간	부하반응기	중간 디딤기	말기 디딤기		흔듦기전	처음 흔듦기	중간흔듦기	말기흔듦기
과제	체중 수용	한다리 지지			흔듦다리 전진			
단계	디딤기				흔듦기			
주기	오른쪽 걸음주기							

* 처음닿기라고도 불리는 걸음주기의 첫 기간은 걸음주기의 0~2%에서 일어난다.

〈그림8〉 보행 주기*

걷기 주기는 총 8단계로 세분해 설명할 수 있다(〈그림8〉 참고). 디딤기는 처음 닿기(initial contact), 부하반응기(loading response), 중간 디딤기(mid stance), 말기 디딤기(terminal stance)로 나뉜다. 흔듦기는 흔듦기 전(pre-swing), 처음 흔듦기(initial swing), 중간

• 도널드 뉴만 저, 채윤원 등 역, 뉴만 kinesiology 근육뼈대계통의 기능해부학 및 운동학(3판), 범문에듀케이션, 2018, p.722, 그림 15.12.

흔듦기(mid swing), 말기 흔듦기(terminal swing)로 구분된다. 전체 걷기 주기에서 디딤기는 약 62%, 흔듦기는 약 38%를 차지한다.

부하반응기는 체중이 지면에 전달되어 발이 부하를 받는 단계이다. 중간 디딤기와 말기 디딤기는 한쪽 다리가 몸 전체를 지지하며 안정성을 유지하는 과정이며, 디딤기의 마지막 단계에서 발가락이 지면에서 떨어지는 순간 디딤기는 끝나고, 흔듦기 구간으로 전환된다. 흔듦기는 다리가 앞으로 나가는 과정으로, 흔듦기 동안 다리는 체공 상태에 들어간다. 이러한 움직임이 양발에 의해 순차적으로 반복되면서 걷기가 이루어진다. 디딤기와 흔듦기의 정교한 교대는 걷기의 안정성과 효율성을 유지하는 핵심 메커니즘이다.

달리기 주기와 움직임

달리기 주기도 걷기와 마찬가지로 디딤기와 흔듦기로 나눠서 분석한다(〈그림9〉 참고). 그러나 달리기에서는 디딤기가 약 40%, 흔듦기가 약 62%를 차지하며, 걷기와는 디딤기와 흔듦기의 비율이 반대로 나타난다.

걷기는 체중을 딛는 시간이 길어 안정성을 중시하지만, 달리기는 흔듦기의 시간이 더 길어 체공시간이 증가하고 보다 큰 추진력을 통해 앞으로 나아간다. 달리기의 흔듦기에서는 초기 흔듦기와 후기 흔듦기가 순차적으로 길게 이어진다. 반면 걷기의 흔듦기는 초기(initial), 중기(mid), 말기(terminal)의 세부 단계로 구성

되어 좀 더 복잡한 과정을 거친다.

달리기에서는 한 다리가 지면에 닿아 몸을 지지하는 디딤기 동안 추진력(propulsion force)을 생성하는 구간이 포함된다. 이를 통해 반대편 다리가 흔듦기 동안 빠르게 앞으로 나갈 수 있게 된다. 달리기의 연속적인 동작 특성상 디딤기는 줄어들고, 흔듦기와 체공시간이 상대적으로 길어지면서 고속 이동이 가능해진다.

이처럼 걷기와 달리기는 디딤기와 흔듦기의 비율뿐 아니라, 각 주기의 세부적인 동작과 역할에서도 큰 차이를 보인다. 이러한 차이는 각각의 움직임이 추구하는 안정성과 속도의 목적에서 비롯된다.

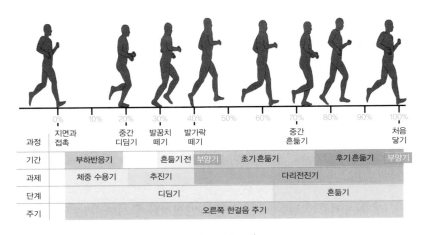

〈그림9〉 달리기 주기*

* 도널드 뉴만 저, 채윤원 등 역, 뉴만 kinesiology 근육뼈대계통의 기능해부학 및 운동학(3판), 범문에듀케이션, 2018, p.775, 그림 16.1.

걷기와 달리기, 둘 다 무리하지 않는다

걷기와 달리기를 하는 동안 뼈와 근육은 끊임없이 움직이며 인체의 역학적 기능을 수행한다. 이를 연구하기 위해 인체를 세 개의 가상 면(전후, 좌우, 상하)으로 나누어 관절의 움직임과 근육 활성도를 측정하고 분석한다. 이러한 분석은 걷기와 달리기의 역학을 연구하는 데 중요한 자료를 제공하며, 이를 바탕으로 환자와 운동선수에게 가장 효율적인 걷기와 달리기 훈련 방법을 설계할 수 있다.

걷기와 달리기가 행해지는 각 주기 동안, 특히 디딤기와 흔듦기의 세부 단계에서 근육 활성도가 자세히 연구되었다. 걷기와 달리기가 운동학적으로 연속되는 동안에는 특정 관절의 큰 움직임과 비율이 나타난다. 이러한 관절 움직임과 근육 활성도의 차이를 이해하면, 걷기와 달리기에서 고려해야 할 세부적인 근육 사용과 관절 동작을 명확히 알 수 있다.

이러한 연구는 재활치료나 경기력 향상뿐만 아니라, 부상 예방과 올바른 운동 방법을 제안하는 데 중요한 역할을 한다. 걷기와 달리기 동작을 과학적으로 이해하고 활용하면, 개인의 목표에 맞는 체계적이고 효율적인 운동 계획을 세울 수 있다.

걷기 동안에는 발목 발바닥 쪽 굽힘 동작(plantar flexion)이 약 53%로 가장 많이 발생하며, 이는 비복근(gastrocnemius)의 작용에 의해 이루어진다. 고관절(엉덩관절) 굽힘 동작(hip flexion)은 장요근(iliopsoas)과 대퇴직근(rectus femoris)의 작용으로 30%, 고관절 폄(hip extension) 동작은 대둔근(gluteus maximus)의 작용으로 7%, 엉덩관절 벌림 동작(hip abduction)은 중둔근(gluteus medius)의 작용으로 6%, 그리고 무릎 폄 동작(knee extension)은 대퇴사두근(quadriceps)의 작용으로 4% 발생한다. 걷기 동안 주로 사용되는 관절은 발목관절(53%)과 고관절(43%)이다.

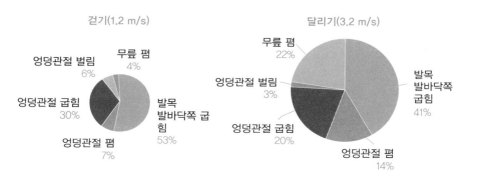

〈그림10〉 걷기와 달리기의 관절 움직임[*]

달리기 동안에는 발목 발바닥 쪽 굽힘 동작이 41%로 가장 많고, 무릎 폄 동작은 22%, 고관절 굽힘 동작은 20%, 고관절 폄 동작은 14%, 고관절 벌림 동작은 3%를 차지한다. 달리기에서는 발목관절(41%), 고관절(37%), 무릎관절(22%)이 고르게 사용되며 특히 무릎 사용 비율이 걷기에 비해 높아진다.

디딤기와 흔듦기의 세부적인 움직임은 각 관절 움직임의 비율

---

[*] Novacheck TF: The biomechanical of running, Gait Posture 7:77, 1998.

과 근육 활성도에 따라 다르며, 이러한 비율은 3개의 면(전후, 좌우, 상하)에 따른 관절의 움직임과 연계되어 세밀하게 분석된다. 주요 근육들이 걷기와 달리기 주기 동안 어떻게 작용하는지는 앞서 제시한 표나 그림을 통해 확인할 수 있다.

걷기와 달리기 동작에서는 보통 주요 근육들을 사용하고 발달하지만, 잘못된 습관이나 패턴으로 인해 근육이 약화되거나 짧아질 수 있다. 또한 질환이나 부상의 영향으로 걷기와 달리기의 주기가 변형되기도 한다. 이러한 주기와 관절 움직임, 근육 활성도를 종합적으로 고려하여 현장에서는 재활치료와 운동훈련을 설계하고 또 응용할 수도 있다. 이를 통해 올바른 동작 패턴을 회복하고, 부상 예방과 운동 효율성을 높이는 데 기여한다.

사람마다 걷기와 달리기 패턴은 모두 다르다. 연구는 일반적으로 패턴으로 분류해 나눈 것일 뿐이다. 어떤 엘리트 선수는 신체가 비대칭이지만 경기력 향상이 더 잘 일어나기도 한다. 사실 스포츠 활동은 대칭보다 비대칭 사용이 많다. 최적의 경기력을 위해 종목 특징과 기술에 맞게 체력 상태를 더 배가시킨다. 연구 결과가 정상주기로 일어나지 않아도 개인은 더 효율적으로 움직이며 좋은 성과를 낼 수 있다. 비대칭이 많은 스포츠 활동에서 대칭으로 운동하면 오히려 경기력이 떨어지는 상황이 흔하게 발생하는 것은 이런 맥락에서다. 그래서 걷기와 달리기 훈련을 할 때 주기에 따른 운동을 하되 개인의 효율성과 성향을 고려해 훈련해야 한다.

때때로 걷기와 달리기는 병행된다. 걷기는 일상에서 흔히 쓰이는 이동 방식이지만, 달리고 나서 걸으면 신체 회복을 돕는 데 수월하다. 42.195km 마라톤과 달리기 대회에서 결승선을 통과한 이후에도 힘들다고 철퍼덕 드러눕거나 앉아서 바로 쉬는 것보다 천천히 걷는 게 더 효과적이라고 권하는 이유다. 우리 몸은 활발하게 움직이다가 가만히 있는 정적인 상태로 바로 이어지는 걸 좋아하지 않는다. 자연스럽게 넘어가는 준비 단계(warm up)와 정리 단계(cool down)가 필요하다.

걷기와 달리기는 한 번에 몰아서 과도하게 하는 걸 피해야 한다. 국토순례나 성지순례를 시작하면 며칠 동안 걷게 된다. 휴식을 취해도 워낙 걷는 시간이 많기에 근피로도 쌓이고 관절에 무리가 간다. 발에 물집이 생기고, 백팩이 무겁다면 허리, 어깨 등 신체에 무리가 간다. 극기를 요하는 순례길 걷기를 하지 말라는 이야기는 아니다. 며칠 동안 장거리 걷기를 충분히 해낼 수 있는 체력을 오랜 기간 준비해서 걸어야 안전하다. 달리기도 마찬가지다. 달리기의 재미를 느껴 매일 뛰거나 단기간에 거리를 늘리면 몸이 탈이 날 수 있다. 건강을 위해 체력을 늘리기 위해 시작한 달리기가 오히려 피로감을 누적시킬 수 있다. 그러므로 적절한 휴식법과 트레이닝 방법을 익혀 더 안전하고 효율적인 달리기 습관을 들여보자.

달리기를 안전하게 오래 하려면 과학적인 접근이 필요하다. 장거리 달리기는 절대 만만하지 않다. 무리하게 달린 경우 운동 중독증과 과훈련증후군(overtraining)이 생기기도 한다. 이는 오히려 심신을 괴롭게 만든다. 건강과 재미를 위해 시작한 달리기가 무리한 욕심 때문에 내게 독이 되어 돌아온다면? 아니함만 못할 것이다. 실제로 병원에는 과도한 운동으로 근골격계 질환이 생겨 고생하는 일반인이 꽤 많다. 문제는 신체 손상뿐만 아니라 정신적 손상까지 입을 경우 회복하는 데 시간이 더 오래 걸린다는 점이다.

나 역시 다시 달리기를 시작하면서 매일 달리고 싶다는 생각에 시간이 날 때마다 밖으로 나가 달리곤 했다. 그러다 보니 어떤 날은 달릴 때 너무 피곤해서 다음 날 종일 쉬어야 했다. 중용을 지키는 달리기가 필요하다는 것을 다시 한번 깨달았던 순간이다. 결국 걷기든 달리기든, 먼저 내 몸 상태를 잘 알고 무리 없이 시간과 횟수를 늘려가는 것이야말로 비법 아닌 비법일 것이다. 어느 한철 잠시만 달리고 포기하기엔 달리기의 진짜 매력이 생각보다 너무 크지 않은가.

달리기 기술 익히기

올바른 자세로 달린다

달리기를 할 때는 시선을 약 10~20m 앞에 두고 똑바로 바라보는 것이 좋다. 핸드폰을 보거나 고개를 숙이고 뛰면 앞 사람과 부딪힐 위험이 있다. 특히 달리는 도중 부딪히면 자칫 큰 부상으로 이어질 수 있으니 주의해야 한다. 달리기의 가속도와 충격은 결코 무시하면 안 된다.

머리, 등, 허리는 곧게 펴고 지면과 일직선이 되도록 자세를 유지해야 한다. 머리나 몸통을 지나치게 앞으로 숙이거나 뒤로 젖히면 무게 중심이 이동하여 근육이 더 긴장된다. 다만 몸을 앞으로 5도 정도 숙이는 것은 괜찮다. 이때 웅크린 자세가 되지 않도록 하고, 몸통에 힘이 과도하게 들어가지 않게 주의한다.

팔꿈치는 약 90도로 굽힌 상태에서 자연스럽고 가볍게 흔들어야 한다. 손은 주먹을 꽉 쥐지 말고 가볍게 쥐는 것이 좋다. 주먹을 꽉 쥐면 팔뿐만 아니라 상체까지 긴장된다. 자연스러운 움직임에서 좋은 자세가 나온다는 점을 기억하자.

달리기에서 고관절의 움직임이 제한되면 보폭을 넓히기 어렵다. 고관절 앞쪽을 충분히 늘리고, 고관절을 뒤로 젖히는 동작과 엉덩이 근육을 강화하는 데 신경을 써야 한다. 고관절의 가동범위가 넓고 부드러울수록 달리기 경기력이 향상된다.

무릎은 보통 굽힘이 10~120도 범위에서 움직이며, 자연스러운 착지법을 익히는 것이 중요하다.

속도 조절 및 보폭 넓히기

모든 운동에는 여러 기술적인 요소가 있다. 심지어 호흡조차도 들숨과 날숨을 활용해 다양한 치료법을 개발하고, 운동 방식과 일상의 활동에 응용하기도 한다. 그렇다면 달리기에도 기술이 필요할까? 대답은 "그렇다"이다. 단순히 무작정 뛰면 될 것 같지만, 오래 달리고 싶다면 기술을 익혀야 한다.

달리기 기술을 익히면 부상을 예방할 수 있고, 효율적인 운동으로 발전시킬 수 있다. 달리기는 자신의 당일 컨디션에 맞춰 몸이 허락하는 범위 안에서 달리면서 체력을 키우는 운동이다. 이후 점차 속도를 올리고, 더 긴 거리에 도전할 수 있다.

더 잘 달리거나 안전하게 달리려면 어느 정도 기본적인 기술을 익혀야 한다. 달리기를 직업적으로 삼는 선수들조차도 감독이나 코치에게 방법과 기술을 배우고, 컨디션 조절에 신경을 쓰지 않는가?

달리기 주법은 보속과 보폭의 관점, 그리고 착지 방법에 따라 나뉜다. 여기에서 보속은 '달리기 속도'를 의미하며, 보폭은 '걸음을 걸을 때 앞발의 뒤축에서 뒷발의 뒤축까지의 거리'를 뜻한다.

먼저 보속과 보폭 관점에서의 주법을 살펴보자. 여기에는 달리기 속도를 올리는 피치 주법(pitch, 보속)과 보폭을 넓게 하여 달리는 스트라이드 주법(stride, 보폭)이 있다. 피치 주법은 빠르게 걸음 수를 늘려 속도를 높이는 방식으로, 발의 회전수를 증가시켜 속도를 끌어올린다. 반면 스트라이드 주법은 하체를 크게 쭉 뻗어 보폭을 넓히고, 한 번에 이동할 수 있는 거리를 크게 한다. 체공시간이 상대적으로 늘어난다는 특징이 있다.

달리기 속도는 보속과 보폭이 함께 증가할수록 빨라지지만, 둘 다를 동시에 유지하며 달리는 것은 매우 어려운 일이다. 보속을 지나치게 늘리면 장거리로 갈수록 피로물질이 축적되기 쉽고, 보폭을 과도하게 늘리면 발목, 무릎, 고관절의 근육과 관절에 부담이 커져 부상의 위험이 커진다.

따라서 보속과 보폭을 모두 강조하기보다는 자신의 몸에 맞는 달리기 방식을 선택해야 한다. 유연성이 떨어진다면 초기에는 피치 주법이 더 적합하다. 스트라이드 주법은 보폭을 의도적으로 늘려야 하므로 몸이 유연한 사람에게 어울린다. 특히 주로 앉아서 생활하거나 스트레칭이나 근육 이완을 따로 하지 않는 사람의 경우, 근육과 관절이 굳어 있는 상태일 수 있다. 이때 무리하게 보폭을 넓히면 근육이 삐거나 관절에 과도한 부담을 줄 수 있다. 유연성이 좋은 경우 스트라이드 주법으로 달려도 괜찮지만, 이 주법은 근력도 요구하기 때문에 거리가 길어질수록 유지하기에 어렵다는 단점이 있다.

마라톤 선수 중 키가 크고 팔다리가 긴 선수들은 주로 스트라이드 주법을 활용한다. 마라톤 경기에서 보폭을 넓게 하고 회전수를 늘려 시원하게 달리는 장면을 본 적이 있을 것이다. 물론 엘리트 선수들은 피치와 스트라이드 주법을 모두 활용해 효율적으로 달린다. 결국 자신의 신체 조건과 유연성에 따라 피치 주법과 스트라이드 주법 중 어떤 방식이 적합할지 판단하는 것이 중요하다.

나에겐 어떤 착지법이 어울릴까

달리기할 때 발바닥의 착지 부위에 따라 착지 방법을 세 가지로 나눌 수 있다. 포어풋(fore-foot, 전족부), 미드풋(mid-foot, 중족부), 리어풋(rear-foot, 발뒤꿈치) 착지이다. 일반적으로 포어풋과 미드풋 착지는 동시에 이루어지는 경우가 많다. 이는 두 착지 방법의 관절 움직임과 근육 사용 패턴이 유사하기 때문이다. 느린 영상으로 촬영하더라도 포어풋과 미드풋 착지는 구분하기 어려울 정도로 차이가 미묘하다.

2014년 미국 스탠포드대학교 연구팀의 연구에 따르면, 착지법에 따라 사용되는 근육의 활성도가 다르게 나타났다. 포어풋 착지에서는 발바닥이 지면에 닿을 때 비복근(종아리 근육)의 활성도가 높게 나타났다.[*] 반면 리어풋 착지에서는 전경골근(발등을 들어 올리는 정강이 앞쪽 근육), 내측광근(대퇴사두근 중 허벅지 안쪽 근육), 그리고 대퇴이두근(햄스트링 중 허벅지 바깥 근육)의 사용이 두드러졌다.

일반적으로 걷기는 발뒤꿈치부터 착지하는 리어풋 착지 방식으로 이루어진다. 이로 인해 발뒤꿈치 닿기에 익숙한 사람들은 달리기에서도 자연스럽게 리어풋 착지를 사용하게 된다. 의도적으로 포어풋이나 미어풋 착지를 연습하지 않는 이상, 리어풋 착지가 기본으로 나타난다. 훈련된 선수나 달리기 기술을 익힌 사람들은 포어풋과 미드풋 착지를 능숙하게 사용할 수 있다. 이 두 가지 착지 방법은 효율성과 속도를 높이는 데 유리할 수 있으므로, 기술적인 훈련을 통해 익히는 것이 중요하다.

포어풋과 미어풋 착지가 항상 달리기 성과에 긍정적인 영향을 미치는 것은 아니다. 이 두 가지 착지 방법은 종아리 근육을 많이 사용하기 때문에, 발목 염좌나 만성 발목 불안정성이 있는 경우에는 재발 위험이 커진다. 또한 발바닥의 앞쪽과 중간에 압력이 집중되므로 족저근막염이 있는 사람에게도 무리가 될 수 있다. 포어풋과 미드풋 착지는 종아리 근육의 피로를 증가시켜 붓기를 유발하기도 한다. 평소 종아리가 자주 붓는다면 하지거상법(발을 심장보다 높게 올리는 방법), 종아리 스트레칭, 마사지 등을 통해

[*] Yong JR, Silder A, Delp SL. Differences in muscle activity between natural forefoot and rearfoot strikers during running. J Biomech. 2014 Nov 28;47(15):3593-7.

관리해야 한다.

리어풋 착지는 정강이 앞쪽 근육과 허벅지의 앞뒤 근육을 주로 사용한다. 이러한 특성으로 인해 무릎 퇴행성관절염, 전방십자인대 손상 등 무릎 질환이 있는 경우에는 피하는 것이 좋다. 만약 리어풋 착지로 주로 달린다면 무릎 주변 스트레칭과 마사지를 꾸준히 시행하여 부상을 예방하고 관리해야 한다.

착지 방법에 따른 달리기 주법에도 각각 장단점이 있다. 개인의 유연성, 근력, 균형력 그리고 체형을 고려하여 자신에게 적합한 달리기 기술을 선택하는 것이 중요하다.

정리하자면, 달리기 주법은 크게 보속과 보폭 관점의 주법과 착지 방법으로 나뉜다. 이 두 요소를 고려하여 자신의 신체 상태와 운동 목적에 맞는 달리기 주법을 선택하자.

결합된 달리기 주법 형태	
1일	피치 주법 (보속 강조) + 리어풋 착지
2일	피치 주법 (보속 강조) + 포어풋, 미드풋 착지
3일	스트라이드 주법 (보폭 강조) + 리어풋 착지
4일	스트라이드 주법 (보폭 강조) + 포어풋, 미드풋 착지

〈표2〉 내 몸에 맞는 달리기 주법 찾기

달리기를 다시 시작한 초기 3주 동안은 내 몸에 맞는 달리기 주법에 대해 크게 신경 쓰지 않았다. 하지만 3주가 지나자 달리기에 자신감과 재미가 생겼고, 그때부터 어떤 주법이 나에게 더 도움이 될지 고민하기 시작했다. 이를 위해 보속과 보폭, 착지 방법에 따라 총 4가지 달리기 주법을 시도해보았다(〈표2〉 참고).

첫날은 피치 주법과 리어풋 착지를 의식하면서 달렸다. 이 방식은 평소 자연스럽게 달리는 형태였기에 부담이 없었다. 걸음 회전수를 조금 더 늘려보니, 속도가 붙으며 더 앞으로 나아가는 느낌을 받았다. 상체를 세우고 안정적인 자세를 유지하며 달리기에 적합했다.

둘째 날은 피치 주법과 포어풋/미드풋 착지를 시도했다. 종아리에 힘이 더 들어가는 것이 확실히 느껴졌고, 발이 지면에 닿았다가 나는 듯한 가벼운 느낌을 경험했다. 5km를 달리면서도 몸이 가벼웠고, 엘리트 선수처럼 달리는 기분이 들었다.

셋째 날은 스트라이드 주법과 리어풋 착지를 시도했다. 평소 유연성이 부족하고 고관절 움직임이 제한된 상태라 스트라이드 주법으로 보폭을 늘리는 데 어려움이 있었다. 다리를 높이 들어올렸다가 뻗는 동작이 자연스럽지 않았고, 고관절 앞쪽 근육의 유연성이 부족해서 다리를 뒤로 뻗는 것도 제한적이었다. 첫발은 스트라이드 주법에 가깝게 내디딜 수 있었지만, 이후로는 자세가 불안정해졌다. 오버스트라이드(overstride, 보폭이 몸의 무게 중심에서 벗어나 발의 착지점이 무게 중심보다 앞서는 현상)로 인해 무게 중심이 흔들렸고, 균형을 잡기가 어려웠다.

넷째 날은 스트라이드 주법과 포어풋/미드풋 착지를 시도했다. 이 방식은 리어풋 착지에 익숙한 나에게 가장 어색했다. 다리가 길지 않았고, 하체 유연성도 부족하여 보폭을 넓히는 스트라이드 주법이 잘 맞지 않다는 결론을 내렸다. 스트라이드 주법에는 하체 유연성과 근력이 필요하며, 특히 장거리 달리기에서는 근지구력이 중요한 요소이다. 개인차가 있지만 남성의 경우 근육과 관절이 여성보다 상대적으로 유연성 면에서 떨어지고 뻣뻣하다. 또한 성장기가 끝나고 30대 이후부터는 점점 몸의 수분이 적어지며, 근육과 관절이 더 경직된다. 스트라이드 주법으로 달리고 싶다면, 점진적으로 유연성을 늘린 후 보폭을 늘려야 한다. 무리하게 보폭을 늘리는 것은 '뱁새가 황새 따라가다 다리가 찢어진다.'는 속담처럼 부상의 원인이 될 수 있다.

결론적으로 네 가지 달리기 주법 중 나에게 가장 잘 맞았던 것은 피치 주법 + 포어풋/미드풋 착지였다. 이 방식은 달리기 속도와 거리를 늘리는 데 도움이 되었지만, 종아리 근육에 부담이 느껴져 점차 피치 주법 + 리어풋 착지로 자연스럽게 전환되었다. 결국 나에게 가장 익숙하고 편안한 주법이 최선이었다.

달리기 주법은 개인의 체형과 체력 수준에 따라 선택해야 한다. 스트라이드 주법은 무리하게 시도하면 중심을 잃고 부상의 위험이 커질 수 있다. 반면, 피치 주법은 다리 회전수를 늘려야 하므로 근육 피로가 쌓이기 쉽다. 달리기 주법과 부상의 관계는 아직 명확히 정립되지 않았으므로, 각자 몸 상태와 상황에 맞는 방법을 선택하고 점진적으로 연습하며 적절한 기술을 익히는 것이 중요하다.

달리기의 호흡법

달리기 기술에서 호흡법은 주법만큼이나 중요한 요소다. 사실, 달리기 시 적절한 호흡법도 달리기 기술의 일부에 해당한다. 올바른 호흡법은 달리는 시간을 늘리고 속도를 올리는 데 도움을 주며, 운동 후 빠른 회복에도 기여한다.

숨이 차고 호흡이 가빠지면 달리기 자세가 틀어지기 쉽다. 자세가 틀어지면 근육 피로도가 증가하고, 이는 경기력에 직접적인 영향을 미칠 수밖에 없다.

호흡법은 달리기 거리와 환경에 따라 조금씩 달라질 수 있다. 예를 들어, 짧게는 수백 미터에서 10km 달리기, 하프 마라톤, 풀 코스 마라톤(42.195km), 그리고 울트라마라톤까지 다양한 상황에서 각기 다른 호흡법이 요구된다.

달리기는 기본적으로 유산소 운동에 속한다. 그러나 50m, 100m와 같은 단거리 달리기는 짧은 시간 동안 폭발적인 힘을 사용하는 특성 때문에 무산소 운동으로 분류되기도 한다.

마라톤에서 추천되는 호흡법 중 하나는 2:2 호흡법으로, 흔히 '흐흐하하' 호흡법이라고 불린다. 이는 짧게 두 번 들이쉬며 '흐흐', 짧게 두 번 내쉬며 '하하' 소리를 내는 방식이다. 이때 되도록 코로 호흡하는 것이 좋으며, 힘들면 입을 0.5cm 정도 벌리고 '흐-흐-, 하-하-'의 방식으로 호흡할 수 있다.

또 다른 방법으로 트리플 호흡법('흐흐하')이 있다. 이는 들숨을 날숨보다 더 강조하는 방식으로, 더 많은 산소를 공급하기 위한 호흡법이다. 3:2 또는 3:1 호흡법으로 전환하며 적응해나갈 수도 있다. 달리기가 30km 이상으로 넘어가거나 체력이 부족해질 때는 1:1 호흡법으로 전환하는 것이 효과적이다. 오르막 구간에서 호흡이 가빠질 경우에도 2:2 호흡보다는 1:1 호흡법이 적합하다. 하지만 무엇보다 중요한 것은 호흡을 지나치게 의식하지 않는 것이다. 과도하게 호흡법에 집중하면 오히려 불편함을 유발하게 된다. 자연스럽고 편안한 호흡을 유지하는 것이 가장 중요하다.

평상시 호흡은 들숨보다 날숨의 비율이 더 긴 것이 좋다. 예를 들어 들숨이 3초라면 날숨은 5~6초 정도로 길게 하는 것이 이상적이다. 이는 들숨이 자율신경계 중 교감신경(긴장과 흥분을 담당)과 연결되고, 날숨이 부교감신경(이완과 안정에 기여)과 상호작용하기 때문이다. 우리가 긴장하거나 스트레스를 받을 때 심호흡을 통해 긴장을 풀 수 있는 것도 이와 같은 원리 덕분이다.

대체로 호흡을 평소에 연습하지 않으면 무의식적으로 얕고 빈번한 호흡이 일어나기 쉽다. 특히 들숨이 과하면 호흡이 얕아지고 빈번해진다. 반면, 날숨이 잘 이루어지면 이완과 편안함을 느낄 수 있다. 그러나 달리기 호흡법은 평상시 호흡법과는 다르다. 달리기는 유산소 운동으로, 유산소 에너지 시스템을 효율적으로 활용해야 하기 때문이다. 따라서 달리기 호흡법은 평소의 호흡과는 다른 방식으로 연습하고, 각 상황에 맞는 호흡법을 적용하도록 한다.

달리기는 전신 운동이다

나는 평소 상체 운동보다 하체 운동을 더 즐기는 편이다. 걷기, 달리기, 스쿼트, 런지 등 하체 중심의 운동을 주로 하고, 상체 운동은 이따금 팔굽혀펴기를 하는 정도에 그친다. 그런데 10km를 달린 다음 날 알통 근육이라 불리는 상완이두근에 근육통이 생길 때가 있다. 달리기를 했는데 왜 팔에 근육통이 생길까?

그 이유는 10km를 뛰는 동안 팔을 구부린 채로 상하좌우로 움직이기 때문이다. 특히 팔을 위로 들어 올릴 때 상완이두근이 계속 사용된다. 달리다가 팔을 털거나 주무르며 뛰는 것도 이런 이유에서다. 달리는 중에는 '팔치기' 기술도 중요한 역할을 한다. 팔치기는 팔을 좌우로 흔드는 것이 아니라 앞뒤로 움직이는 동작이다. 이때 팔을 뒤로 더 강하게 치듯 움직이면 에너지 효율성이 높아지고 경기력 향상에 도움이 된다.

달리기는 전신 운동이다. 하체와 상체 모두가 사용된다. 물론 하체가 더 많이 쓰이지만, 팔다리의 교차 이동과 몸통의 회전 및 무게 중심 이동의 효율성 등이 달리기 경기력에 큰 영향을 미친다는 것이 사실이다. 사람마다 달리는 자세가 조금씩 다르지만, 무게 중심이 지나치게 전방으로 이동해 상체가 구부정해지는 자세는 피해야 한다. 상체를 곧게 세우고 달리는 것이 에너지 효율성과 안정성을 높이는 데 좋다.

달리기에서 하체 움직임은 매우 중요한 요소다. 하체 관절의 유연성, 근력, 균형감각, 그리고 지면 반발력 등이 달리기의 효율성을 좌우한다. 상체는 하체의 교차하는 움직임과 조화를 이루며 균형과 에너지 효율성을 돕는다. 달리기 중 팔은 위아래로 흔들리고, 몸통은 좌우로 회전하며, 코어근육을 사용해 인체의 중심을 잡아준다. 이 코어근육은 호흡근육과도 연결되어 있다. 따라서 달리기 경기력을 높이려면, 하체뿐만 아니라 상체와 코어근육을 포함한 전신의 기초체력과 기술체력을 고르게 향상시키는 것이 중요하다.

달리기 선수가 아니라면 굳이 달리기 기술에 집착할 필요가 없다. 달리기를 통해 먹고사는 직업인이 아니라면 말이다. 하지만 오래 안전하게 달리려면 기본적인 달리기 기술을 알고 실천해야 한다.

달리기는 신발, 운동복, 스포츠고글(선글라스) 등 장비의 영향을 받기도 하지만, 무엇보다 맨몸 그 자체의 상태에 크게 좌우되는 운동이다. 내 몸에 맞는 적절한 달리기 기술을 익힌다는 것은 고급 운동용품을 하나씩 장착하는 것과 같다. 올바른 기술을 익히면 부상 위험이 적어지고, 달리기의 효율성도 높아진다.

특히, 달리기를 처음 시작하거나 오랜만에 다시 시작하는 사람들에게는 달리기 기술이 필수적일 수 있다. 적절한 기술은 부상을 예방하고, 달리기에 대한 재미와 지속성을 높이는 데 큰 도움을 준다. 달리기 기술을 익히는 것은 단순히 잘 달리는 방법을 배우는 과정을 넘어선다. 스포츠를 처음 접할 때, 그 스포츠에 대해 배우는 과정은 운동에 대한 지속성과 흥미를 유지하는 중요한 요소다. 재미를 느끼고 더 잘하고 싶은 욕구가 생기면, 자연스럽게 해당 운동에 더 몰입하게 된다.

달리기 기술 중 피치 및 스트라이드 주법, 착지 방법, 호흡법만 제대로 익혀도 달리기가 한결 쉬워질 것이다. 물론 이러한 기술은 단기간에 익혀지지 않으므로 약간의 인내심이 필요하다. 생각보다 몸은 마음대로 움직여지지 않으며, 빠르게 학습되지 않을 때가 더 많다. 이는 오랜 시간 고착화된 몸이 쉽게 변하지 않으려는 항상성의 작용 때문이다. 하지만 변화를 원한다면 차근차근 기술을 익히고 실천해가야 한다. 하나씩 달리기 기술을 장착하며 나의 몸을 변화시키는 과정 자체가 의미 있기 때문이다.

달리기를 하며 얻는 배움은 단순한 기초 지식 습득에 그치는 게 아니다. 선수들이 사용하는 고급 기술, 그리고 직접 뛰며 체득한 노하우를 하나씩 알아가면 마치 날개를 단 것처럼 새로운 가능성을 열게 된다. 그러므로 달리기 기술을 배우고 익힌다는 것은 입문자가 수련을 쌓아가는 과정과 같다. 무술을 익히듯, 달리기를 통해 몸과 마음의 성장과 안녕을 추구할 수 있다.

장거리 달리기와 type 1, type 2 근육

초등학생 때는 체육 시간에 달릴 기회가 많았다. 본 운동에 앞서 운동장 두 바퀴를 돌며 몸을 풀고, 스트레칭을 하며 준비 운동을 했다. 본 운동으로는 주로 축구와 농구를 즐겼다.

그 당시 나는 단거리 달리기를 좋아했지만, 점점 오래달리기에 더 마음이 끌렸다. 50m와 100m 같은 단거리 달리기는 금방 끝났기 때문인지 흥미가 떨어졌다. 단거리는 무산소성 운동으로 폭발적인 힘을 요구하다 보니 달리고 나서 숨이 가빠 헉헉거리며 회복해야 하는 점도 나와 맞지 않았다. 반면 오래달리기는 심폐지구력을 기를 수 있는 중장거리 운동이어서 더 관심을 가지게 되었다.

학년별 체력장에서 오래달리기를 할 때마다 좋은 기록을 내곤 했다. 초등학교 고학년 시절에는 운동회에서 종종 반대표로 오래달리기 종목에 출전하곤 했다. 내 몸은 점차 중장거리 달리기에 적합한 방식으로 변해가고 있었다.

사람마다 타고난 운동신경과 근섬유 비율이 다르다. 근섬유는 인체 골격근에서 수축 속도와 힘 생성에 영향을 미치는 세포 조직으로 보통 type 1과 type 2(type 2a, type 2b)로 나뉜다. 골격근은 이 세 가지 유형의 근섬유를 모두 포함하고 있지만, 사람마다 근섬유 유형의 비율이 다르게 나타난다. 또한 운동의 형태에 따라 근섬유의 동원 방식도 달라진다.

type 1 근섬유는 수축 속도가 느리지만 피로에 강하다. 이 근섬유는 많은 수의 미토콘드리아와 풍부한 모세혈관을 포함하고 있으며, 유산소성 운동에 강한 특성을 지닌다. 조직 현미경상에서는 붉게 보이기에 적근(red muscle)이라 불리며, 지근섬유(slow-twitch fiber)로도 알려져 있다. type 1 근섬유가 많은 근육은 마라톤과 같은 장거리 운동에 유리하다.

반면, type 2 근섬유는 수축 속도가 빠르고 폭발적인 힘을 낼 수 있지만, 피로에 약하다. 모세혈관 분포가 적고, 조직 현미경상 하얗게 보여 백근(white muscle)이라 불린다. type 2 근섬유는 속근섬유(fast-twitch fiber)로도 알려져 있다. type 2 근섬유는 type 2a 근섬유와 type 2b근섬유로 나뉘는데, type 2a 근섬유는 중거리 달리기와 같이 중간 강도의 운동에 주로 사용된다. type 2b 근섬유는 50m, 100m 달리기 같은 단거리 운동처럼 폭발적인 힘을 필요로 하는 활동에 동원된다.

이와 같은 특성 때문에 마라톤 선수는 주로 type 1 근섬유가 발달하고, 단거리 달리기 선수는 type 2b 근섬유가 더 발달해 있다.

근섬유 비율은 유전적으로 타고나는 부분도 있지만, 선호하는 운동 형태와 꾸준한 훈련에 따라 어느 정도 변화할 수 있다. 내 몸은 점차 type 1 근육이 쓰이는 방식으로 변화하고 있는 듯하다.

달리기와 퇴행성관절염

무릎이 아프다고 모두 퇴행성관절염은 아니다

20대 중반, 한창 달리기 대회에 참가하던 시절에 왼쪽 무릎 바깥쪽 힘줄에 통증이 생긴 적이 있었다. 정확히는 햄스트링의 바깥쪽 근육인 대퇴이두근 힘줄 부위에 통증이 발생했다. 햄스트링은 주로 무릎을 구부릴 때 작용하는 근육으로, 그 당시 달릴 때 왼쪽 다리 바깥쪽에 부하가 더 많이 걸렸던 것 같다. 발바닥이 지면에 착지할 때마다 찌릿한 통증이 느껴졌다.

처음에는 대수롭지 않게 생각하고 계속 달렸지만, 7km 구간을 넘기자 통증이 심해져 절뚝거리며 반쯤 걷는 형태로 달려야 했다. 8km 지점에 도달했을 때는 결국 달리기를 포기하고 느릿하게 걸었다. 결승선까지 약 800m가 남았을 때 다시 천천히 달리기 시작하여 마침내 결승선을 통과했다. 평소 걸을 때는 대퇴이두근에 통증이 없었는데, 달리면서 부하가 누적되어 문제가 발생한 것이다. 이후에도 두 번 더 달리기 대회에 참가했을 때 같은 부위에 문제가 생겨 고생했다. 그러나 스트레칭을 철저히 하고 관리를 한 이후로 더는 문제가 발생하지 않았다.

이번에 다시 달리기를 시작했을 때, 오른쪽 슬개골(뚜껑뼈) 바깥쪽과 그 아래의 슬개건(힘줄) 부위에 통증이 있었다. 슬개건은 무릎에 가해지는 하중을 분산시키고, 힘을 사용할 때 지렛대 원리로 작용하는 중요한 역할을 한다. 또한 왼쪽 정강이뼈에 부하가 걸리면서 불편함을 느꼈고, 왼쪽 고관절 앞쪽과 오른쪽 가슴 근육에도 통증이 있었다.

그러나 하체 근육을 철저히 스트레칭하고, 슬개건을 주기적으로 풀어주자 슬개건과 무릎 바깥쪽의 문제는 더는 발생하지 않았다. 다른 부위의 근육도 꾸준히 풀어주며 관리했더니 점차 통증이 사라지고 상태가 회복되었다.

달리기를 하는 사람들 중에는 무릎 퇴행성관절염에 대한 염려를 가진 이들이 많다. 퇴행성관절염은 무릎에 걸리는 부하로 인해 연골이 닳아 발생하는 질환인데, 장거리를 계속 달리다 보면 무릎 연골에 반복적으로 충격이 가해져 닳게 되기 때문이다. 그래서 자연스레 퇴행성관절염이 발병하지 않을까 우려하게 된다.

그러나 선행 연구에 따르면, 평생 달리기를 많이 해온 일부 엘리트 선수들 중 일부에게 퇴행성관절염이 발생한 *사례가 있기는 하지만, 취미 활동으로 달리기를 즐기는 사람들은 퇴행성관절염

---

* Buckwalter JA, Lane NE. Athletics and osteoarthritis. Am J Sports Med. 1997 Nov-Dec;25(6):873-81.

발생이 드문 것으로 보고되었다.* 특히 중년층과 노년층에서 퇴행성관절염에 노출될 가능성이 조금 더 높다. 하지만 무릎 통증이 생긴다고 해서 이를 모두 퇴행성관절염이라 볼 수는 없다(퇴행성관절염은 무릎 주위의 단순한 근육 통증과 구별해야 한다).

퇴행성관절염의 위험 요인

- 비정상적인 관절 위치 및 정렬 상태
- 이전에 심각한 관절 부상을 입었거나 수술한 경우
- 무릎 관절의 불안정성
- 평균 이상의 체중
- 관절 또는 근육 신경 장애
- 부적절한 근력

따라서, 무릎에 충격을 가할 수 있는 원인을 알고 이를 관리한다면 달리기로 인한 무릎 손상을 예방할 수 있다. 무릎 상태를 주기적으로 점검하고, 스트레칭, 마사지, 근력 운동을 적절히 병행하면 고령에도 충분히 달리기를 즐길 수 있다.

2021년, 영국 러프버러 대학교의 니콜라스 카쿠리스(Nicolas Kakouris) 교수팀은 달리기 선수들의 근골격계 손상에 대한 문헌 고찰 연구를 발표했다.** 연구팀은 총 2,256개의 관련 연구를 검

* Panush RS, Inzinna JD. Recreational activities and degenerative joint disease. Sports Med. 1994 Jan;17(1):1-5.
** Kakouris N, Yener N, Fong DTP. A systematic review of running-related

토한 뒤 42개의 달리기 근골격계 손상을 분석했다. 이 연구에서
는 울트라마라톤 이하의 달리기를 한 선수와 울트라마라톤 선수
를 비교하여 달리기 손상을 분석한 결과를 제시했다(〈표3〉 참고).

1. 손상 발생 부위

- 비 울트라마라톤 러너: 무릎 〉 발목 〉 아래쪽 다리 순으로 근골격계
  손상 발생률이 높았다.
- 울트라마라톤 러너: 발목 〉 무릎 〉 아래쪽 다리 순으로 손상이 발생했다.

2. 가장 흔한 근골격계 질환

- 비 울트라마라톤 러너: 아킬레스건병증, 내측 경골 스트레스 증후군
- 울트라마라톤 러너: 전방구획증후군, 슬개대퇴통증증후군, 아킬레스
  건병증

3. 부상 발생률

- 전방구획증후군: 19.4%
- 슬개대퇴통증증후군: 15.8%
- 아킬레스건병증: 13.7%

연구에 따르면, 비 울트라마라톤 러너와 울트라마라톤 러너 간
에 해부학적 위치별 부상 발생률은 큰 차이가 없었다. 그러나 각

musculoskeletal injuries in runners. J Sport Health Sci. 2021 Sep;10(5):513-522.

러너 그룹에서 특정 질환의 발생률이 다소 차이를 보였다.

	비 울트라마라톤 러너	울트라마라톤 러너
무릎	26.2%	28.1%
발목	19.0%	34.5%
아래쪽 다리	16.6%	12.9%
발, 발가락	13.5%	4.3%
고관절, 서혜부	11.3%	5.8%
대퇴	8.0%	8.6%
허리	2.7%	4.3%
기타	2.7%	1.4%

〈표3〉 달리기 선수의 달리기 근골격계 손상 발생률

달리기 손상은 주로 무릎과 발목에서 발생하지만, 다른 부위에서도 손상이 나타날 수 있다. 무릎 연골에서만 발생할 수 있는 대표적인 질환인 반월판 손상의 경우, 비 울트라마라톤 러너의 발생률은 4.3%였고, 울트라마라톤 러너에게서는 보고되지 않았다. 이를 종합하면, 일반적으로 장거리를 무리하지 않고 달린다면 무릎 연골과 관련된 손상은 약 5% 정도의 낮은 비율로 발생한다.

슬개대퇴통증증후군까지 범위를 확장하더라도 비 울트라마라톤 러너에서의 발생 비율은 10% 정도이다. 이렇게 볼 때, 달리기로 인해 퇴행성관절염이 생길 가능성은 생각보다 낮은 편이다. 그러므로 특히 마흔 이후 중년이나 고령층이 달리기를 하면 퇴행성관절염이 심해질 수 있다는 편견은 버려도 좋다. 달리기 부상의 원인을 정확히 알고, 이를 예방하고 관리한다면 평생 달리지 못할 이유는 없다.

달리기 부상의 흔한 원인 세 가지

달리기 부상의 주요 원인은 크게 과사용, 잘못된 기술, 고착된 체형으로 나눌 수 있다.

과사용

과사용은 위험하다는 경고 신호로 부상의 가장 큰 원인 중 하나다. 앞서 언급한 울트라마라톤 러너들의 사례에서 알 수 있듯이 지나치게 오래, 그리고 무리하게 달리면 부상 위험이 커진다. 계속해서 강조하지만, 달리기를 직업으로 삼는 선수가 아니라면 무리할 필요가 없다. 일반인은 건강을 위해 몸이 무리하지 않는 범위에서 달리는 것만으로도 충분하다. 대부분의 스포츠 손상은 몸을 과도하게 사용할 때 발생한다. 예를 들어 몸이 버틸 수 있는 한계치가 70이라고 가정하면 그 이전까지는 탈이 나지 않는다. 하지만 한계를 넘어서게 되면 몸은 점차 손상을 입기 시작한다.

그렇다면 몸의 한계치는 어떻게 알 수 있을까? 통증이 바로 그

신호다. 통증의 원인은 다양하지만, 신체를 올바른 정렬로 유지하고, 휴식과 관리를 소홀히 하지 않으면 통증이 발생할 확률이 줄어든다. 달리기 중 반복적인 부하와 같은 역학적 원인으로 통증이 발생했다면, 통증이 나타났을 때 즉시 움직임을 멈추고 쉬어야 한다. 이를 무시하고 계속 달리면 몸이 버티지 못하고, 급성 통증이 만성 통증으로 이어져 오래도록 괴로움을 겪게 된다. 달리기 중 통증이 나타난다면 대수롭지 않게 넘기지 말고 반드시 원인을 점검하자. 통증은 몸이 보내는 경고 신호임을 잊어서는 안 된다.

나는 스포츠재활 전문 병원에서 운동선수들의 재활을 도운 경험이 많다. 초등학생, 중고등학생, 대학생 등 아마추어 선수들부터 국가대표와 프로선수들까지 살핀 결과 대부분 신체 과사용으로 문제가 된 경우가 많았다. 이들은 남들보다 더 많이 연습하고, 더 높은 경기력을 유지하기 위해 끊임없이 훈련한 결과 부상이 떠나지 않게 된 터였다.

특히 초등학생과 중학생 운동선수 중에서도 과사용으로 근골격계 질환이 발생하여 운동을 그만둔 경우가 생각보다 많았다. '어리니까 아프지 않을 거야.' 혹은 '어리니까 회복이 더 빠를 거야.'라는 편견은 그야말로 편견일 뿐이다. 환자들 중에는 눈에 보이는 부상을 입고 온 경우도 꽤 있었지만, 미세 손상이 누적되어 문제가 된 사례가 더 흔했다.

몸이 아픈데도 운동을 계속하는 사람들도 있었다. 많은 이들이 '운동하다 아픈 것은 영광의 상처'라고 생각하지만, 이런 태도는 오히려 운동할 수 있는 시간을 단축할 뿐이다. 무리하게 운동하면 운동할 수 있는 시기만 짧아진다. 가늘고 길게 운동하는 것이 장기적으로 볼 때 더 나은 선택이다. 무리하지 않아야 더 오래 좋아하는 운동을 즐길 수 있다.

잘못된 기술

구부정한 자세로 오래 달리거나 잘못된 착지법으로 인해 몸에 무리가 가는 경우가 있다. 취미 활동처럼 가볍게 달리기를 한다면 반드시 복잡한 달리기 기술을 익히지 않아도 된다. 예를 들어 건강을 유지하거나 기분 전환을 위해서 3km 이내로 가볍게 달린다면 큰 문제가 없을 것이다. 그러나 누군가에게는 3km조차도 죽음의 레이스(race)처럼 느껴질 수 있다. 달리기는 항상 상대적인 상황과 결과를 동반한다.

달릴 때마다 특정 신체 부위에 통증이 발생한다면, 달리기 기술이 잘못되었을 가능성이 크다. 속도, 훈련 빈도, 훈련 강도, 보폭, 착지법, 자세, 신발 등 달리기에 영향을 미치는 변수가 모두 부상에 작용할 수 있기 때문이다.

어느 날 갑자기 달리기 속도를 급격하게 올리는 것도 기술적인 문제로 볼 수 있다. 나는 처음에 1km당 6분 정도의 속도로 달리기를 시작했다. 그 속도에 익숙해지면서 점점 속도를 올렸고, 자신감이 붙자 1km당 5분 이내로 한 번 달려보았는데, 이후 며칠간 고생했다. 2개월 정도 꾸준히 달리다가 속도를 올렸건만 내 몸은 아직 변화를 받아들일 준비가 되어 있지 않았던 것이다.

다른 예도 있다. 나는 항상 왼쪽으로 동선이 이루어지는 경로로 달렸다. 주로 왼쪽으로 곡선을 이루는 구간에서 달렸는데, 가속도가 붙으니 왼쪽 무릎과 발에 더 큰 무리가 갔다. 지금은 균형을 맞추기 위해 오른쪽 동선으로 달리는 경로를 번갈아 활용하고 있다.

달리기의 매력에 빠져 매일 달리다 보면 피로도가 올라 오히려 일상생활에 좋지 않은 영향을 미치기도 한다. 충분히 회복할 시간이 없다면 오히려 경기력은 낮아지고, 일상에서의 피로도도 증가한다.

보폭과 착지법도 중요하다. 갑자기 보폭을 20cm 정도 확 늘리면 관절에 큰 무리가 간다. 관절의 가동범위는 생각보다 빠르게 늘어나지 않는다. 또한 구부정한 자세로 달리면 중력의 영향을 더 크게 받아 무게 중심이 앞으로 쏠리고, 무릎 등에 더 많은 부하가 가해진다.

신발 선택도 중요한 변수다. 내 발바닥, 발 모양, 그리고 하체의 정렬에 맞지 않는 신발을 신으면 신체 곳곳에 무리가 생길 수 있다.

이처럼 달리기에서 발생할 수 있는 변수, 특히 기술적인 부분은 생각보다 많다. 이 변수들을 하나씩 점검하고 적절히 관리하는 것이 부상 없이 오래달리기를 즐길 수 있는 핵심이다.

체형과 생활 습관

체형은 달리기 시 부상의 주요 원인이 될 수 있다. 타고난 구조적 문제는 바꾸기가 어렵다. 예를 들어, 양쪽 다리 길이가 5cm 이상 차이 난다면, 달릴 때마다 좌우 충격으로 인해 부상이 발생할 가능성이 크다. 평발(발바닥의 세로 종아치가 낮은 상태) 역시 충격을 제대로 흡수하지 못하므로 장거리 달리기에 적합하지 않다.

후천적인 체형 문제도 달리기 기능에 큰 영향을 미친다. 장시간 앉아서 생활하다 보면 거북목이나 일자목, 굽은 어깨와 등이 되기 쉽다. 또한, 골반이 과도하게 기울어진 전방 경사나 후방 경사, 또는 무릎 정렬이 O자 다리나 X자 다리인 경우에도 달리기를 할 때 손상을 입기 쉽다.

인체는 또한 후천적인 생활 습관에 따라 체형이 변하기도 한다. 예를 들어, 앉아서 일을 할 때 모니터가 왼쪽에 위치한다면 몸은 자연스럽게 왼쪽으로 치우친다. 시선과 몸통이 왼쪽으로 돌아가고, 오른쪽 어깨는 더 앞으로 나와 비대칭적인 자세가 만들어진다. 이로 인해 왼쪽 고관절 주위 근육은 짧아지고, 체중은 왼쪽 골반에 더 실린다.

스트레칭을 꾸준히 하지 않거나 대칭적인 운동을 하지 않으면 체형은 점점 더 불균형해진다. 체형이 불균형하면 달리기 시 몸이 특정 패턴으로만 사용되어 시간이 지날수록 부하가 쌓이며 끝내 근골격계 질환이나 통증으로 이어질 가능성이 크다. 실제로, 근골격계 문제로 병원을 찾는 사람 중 대칭적인 체형을 가진 경우는 드물다. 일상에서 비대칭적으로 몸을 사용하다 보면 결국 한계에 도달해 통증이 발생한다. 하지만 나쁜 자세를 피하고 바른 자세를 꾸준히 실천하면 체형은 점점 좋아진다. 다만, 이런 변화는 자세의 문제로 몸이 나빠졌을 때 한해 적용된다.

통증은 단순히 신체적인 원인뿐 아니라, 생활 습관이 원인이 되어 발생하기도 한다. 예를 들어, 음식을 과하게 먹고 소화되지 않은 상태에서 달리면 복압이 증가해 허리에 통증을 유발할 수 있다. 상상해보라. 배가 잔뜩 부른 상태로 달리면 금방 숨이 차고 지쳐 멈추게 될 것이다. 심지어 소화 불량으로 고생할 수도 있다.

수면 부족 역시 주의력을 떨어뜨리고 피로를 쌓이게 만들어 달리기 시 넘어지거나 부상의 위험을 높인다. 또한, 체중은 달리기에 직접적인 영향을 미친다. 체중이 많이 나갈수록 무릎과 발 같은 하체 관절에 더 큰 부하가 걸린다.

결국, 생활 습관으로 인해 통증이 발생하고, 이는 달리기에 영향을 미치는 주요 변수로 작용할 수 있다. 올바른 생활 습관을 유지하는 것이 부상 예방과 성과 향상에 필수적이다.

통증 발생에 따른 시기별 관리법

퇴행성관절염 걱정을 줄이고 달리기 손상을 막는 방법은 앞서 말한 원인들을 하나씩 제거하는 것이다. 물론 동시에 꾸준한 예방 관리를 동반해야 할 것이다.

통증의 단계와 관리 방법

통증은 발생 시점에 따라 급성기(1~3일), 아급성기(4일~3주), 만성기(3주 이상)로 나뉜다. 이 단계는 시기적으로 겹칠 수도 있다.

먼저 급성기의 경우다. 외상을 입거나 통증이 심할 때는 무엇보다 휴식을 취해야 한다. 부종이 생겼다면 냉찜질, 압박, 하지거상법을 활용한다. 다치고 난 직후 출혈이 있거나 걷지 못할 정도로 움직임이 제한된다면 즉시 병원을 찾아야 한다. 부상이 경미하다면 3일 이내로 휴식을 취하며 경과를 지켜본다. 대부분 경미한 경우 염증이 가라앉고 회복까지 약 일주일 정도 소요되지만, 통증이 줄지 않거나 심해지면 반드시 병원에서 적절한 진료를 받아야 한다.

아급성기는 염증이 회복된 후 적극적인 치료와 재활을 시작해야 하는 단계다. 이때 의료진의 처방에 따라 보존치료(약물, 주사, 물리치료 등)와 함께 가벼운 운동을 병행한다.

통증이 지속되는 만성기에는 보존치료를 병행하면서 자세 습관과 무리가 되는 움직임을 수정해야 한다. 만약 통증의 원인이 심리적인 요인이라면 심리 상담을 병행하도록 한다. 통증이 재발하는 경우 과사용 외에도 잘못된 기술과 체형이 주요 원인일 가능성이 크다. 이때는 적절한 달리기 기술을 익히고 체형을 바로잡는 것이 재발을 막는 핵심이다.

두려움-회피 반응과 움직임 재훈련

누구나 부상 없이 건강하게 달리기를 원하지만, 부상과 통증은 생각만으로도 스트레스를 유발한다. 특히 특정 자세나 상황에서 통증이 발생했다면 두려움-회피 반응이 생길 수 있다.

예를 들어 내리막길에서 삐끗한 경험이 있다면 내리막길 자체를 피하거나 보폭을 지나치게 줄이며 걷는 듯 움직이기도 한다. 허리를 숙이다 삐끗해서 통증을 겪었다면 회복한 뒤에도 숙이는 자세를 무의식적으로 피하게 된다.

몸이 회복되었음에도 특정 자세나 상황에서 두려움을 느끼는 것은 뇌가 과거의 통증을 기억하고 경고 신호를 보내기 때문이다. 이런 반응을 극복하려면, 단계적인 움직임 재훈련을 통해 특정 자세가 더 이상 문제가 되지 않는다는 것을 뇌와 몸에 인식시켜야 한다.

달리기 훈련 시 유의 사항

10~20대까지는 몸 상태에 따라 체력 향상 단계를 높여갈 수 있지만, 30대를 지나 마흔이 넘어가면 상황이 달라진다. 이는 물론 10~30대도 어느 정도 유효한 이야기이다.

달리기 거리를 늘리거나 속도를 올려 빠르게 달릴 때든 한 번에 10% 이상 급격히 증가시키면 안 된다. 예를 들어, 오늘 5km를 달렸는데 다음 날부터 매일 계속 1km씩 거리를 늘리는 방식은 몸에 큰 무리를 줄 수 있다. 최소 1~2주 정도 시간을 두고 몸이 새로운 훈련량에 적응했을 때 단계적으로 늘리는 것이 좋다.

또한 매일 그날의 몸 상태에 따라 훈련량을 조절해야 한다. 몸 상태는 항상 일정하기 어렵다. 날씨, 수면 상태, 음식, 스트레스 상태, 업무 후 피로도에 따라서 시시각각 변한다. 매일 자신의 상태를 점검하며 훈련량을 조정하는 것이 안전을 지키는 지름길이다.

퇴행성관절염을 비롯한 달리기 손상을 예방하고, 꾸준히 달리기를 이어가는 것은 누구나 바라는 목표다. 무리하지 않고, 천천히, 살살 달리기를 실천하면 몸은 충분히 적응하고 다음 단계를 준비할 수 있다.

시간이 지남에 따라 몸의 회복탄력성과 달리기 체력은 점점 향상될 것이다. 몸이 준비되면 마음에도 여유가 생겨 스스로를 더 잘 살필 수 있다. 그때까지 조심스럽게, 내 몸을 존중하며 달리기를 이어가자.

달리기 좋은 몸을 만드는 만큼 중요한 것은 신발이다. 수많은 러 닝화가 있지만 나에 맞는 신발을 고르는 게 중요하다. 아무 신발 이나 신고 오래달리기를 지속한다면 발바닥, 발목, 무릎 심지어 허리까지 부상이 이어질 수 있다.

미국의 마라톤 전문가인 제프 겔러웨이는 저서 『마라톤』에서 신 발 고를 때 참고할 체크 사항 목록을 소개했다.

첫째, 일주일에 달리는 거리가 32km 이하, 32km~80km, 80km 이상일 때다. 32km 이하일 때는 그냥 유명 브랜드 러닝화면 되 고, 비싼 신발을 권하지 않았다. 32km~80km일 때 러너를 위한 신발로 좋은 품질을 권했다. 80km 이상일 때 달리기 주법과 발 형태 맞는 신발을 고려해야 한다고 했다. 일주일에 단 3km를 달 리는 데 착용하려고 30만 원 이상의 고가 마라톤용 전문 러닝화 를 사는 건 낭비이다.

둘째, 달리는 바닥 즉, 노면에 따른 고려 사항이 있다고 했다. 잔 디나 흙길일 때는 쿠션이 많을 필요가 없다. 안정성과 발을 보호 할 수 있는 정도면 무난하다. 그러나 포장도로 위를 달린다면 적 절하게 쿠션을 가진 신발을 선택한다.

러닝화 무게는 보통 250~300g인 쿠션화가 적절하다. 신발을 신 어볼 때 늦은 오후에 신발을 신어보는 것이 좋다. 이때 달리기 할 때 신을 양말 두께를 고려한다. 직접 가지고 가서 신어보면 더 좋다. 신발을 신고 엄지발가락 끝이 앞에 닿았을 때는 기준으로 1cm 정도 공간이 있어야 한다. 신발 길이도 중요하지만, 발볼을 고려하며 신발을 신어본다. 발볼이 넓은 편인데 좁은 신발을 신으면 불편할 수밖에 없다. 발볼이 좁은데 넓은 신발을 신어도 안에서 헛도는 느낌이 들 수 있다. 신발을 신고 걸을 때 발목이 안정적이고 불편함이 없으면 러닝화로 괜찮다. 발의 변형이 심한 경우엔 맞춤 신발 또는 신발 전문가의 조언을 받아 선택하자.

2부

달리는 사람

러너를 위한 체력 수련

달리기를 할 때 왜 체력이 중요할까?

달리기에는 달리기에 맞는 체력이 필요하다. 달리기는 그냥 뛰면 되는 것처럼 보이지만, 실은 체력에 대한 과학적인 훈련이 필수적인 운동이다. 무작정 뛰기만 한다면 체력이 오르다가 어느 순간 정체되고, 부상의 위험에 노출될 수 있다. 효과적인 체력 훈련을 통해 경기력을 기르고 심신을 단련하는 것이 중요하다.

체력은 기초체력과 기술체력으로 나뉜다. 기초체력은 말 그대로 기본적인 운동 능력을 발휘하는 데 필요한 체력을 말한다. 유연성, 근력, 근지구력, 심폐기능, 신체조성 등이 포함된다. 기술체력은 스포츠 종목의 경기력 향상을 위해 필요한 기술적인 체력 요소를 말한다. 민첩성, 균형력, 협응력, 순발력, 속도, 반응시간 등이 포함된다.

달리기를 처음 시작하거나 오랜만에 다시 달리는 사람이라면 기초체력을 강화하는 데 초점을 맞춰야 한다. 기술체력은 그다음 단계에서 다룰 영역이다.

달리기에는 기초체력의 모든 요소가 필요하다. 달리는 거리가 늘어나면 심폐기능과 근지구력이 향상되고, 달리기에 사용되는 근육이 발달하며 근력도 증가한다. 개인에 따라 유연성 정도는 차이가 있지만, 부상을 줄이기 위해 무엇보다도 강조되어야 할 기초체력이 바로 유연성이다. 유연성은 달리기뿐만 아니라 모든 운동 종목에서 경기력을 높여주는 필수조건이다.

신체조성은 근육량, 지방량 등 신체 구성 상태를 의미한다. 신체조성은 달리는 시간과 강도에 영향을 받는다. 특히 1회성보다 꾸준한 달리기를 통해 신체조성 상태는 변화된다.

달리기를 통해 심폐기능이 좋아지면 심장과 폐의 기능이 향상되고, 혈액 순환이 원활해져 신체 조직의 회복 속도가 빨라진다. 반대로 혈액 공급이 잘되지 않은 조직은 회복이 더디다. 조직 내 혈관 분포도가 얼마나 되어 있는지에 따라 회복 속도가 달라지는 이유다.

심폐기능은 운동의 빈도(frequency), 강도(intensity), 시간(time), 형태(type)에 영향을 받는데, 이 4개의 용어 중 앞 글자를 따서 F.I.T.T라 부른다. 일반적으로 일주일에 5번 이상 달리기를 하면 심폐기능이 더 효과적으로 향상되며, 운동 시간이 늘어나도 좋은 결과를 얻을 수 있다. 다만 운동 강도와 형태에 따라 효과 역시 천차만별임을 기억해야 한다. 짧은 시간과 저빈도로 운동을 해도 올바른 강도와 형태를 활용하면 장시간, 고빈도 운동보다 효율적일 수 있다.

장거리 달리기는 유산소 운동으로 분류되며, 유산소 운동을 기반으로 여러 체력 요소를 늘려야 효과적이다. 달리기 체력을 향상시키기 위해 무산소 운동을 하면 어느 정도 선까지는 도움이 되지만, 결국 장거리로 갔을 때는 효율성이 떨어질 수 있다.

초보자와 중장년 러너의 운동 강도 관리

달리기를 시작하는 초보자(beginner)와 특히 마흔 이후의 러너는 운동 강도에 각별히 신경 써야 한다. 운동 강도는 일반적으로 저강도, 중강도, 고강도로 나눈다. 보건복지부의 신체활동 지침에 따르면 일주일 기준으로 중강도 운동은 최소 150분, 고강도 운동은 75분 이상을 권장한다. 그런데 달리기 초보자가 의욕이 앞서 일주일에 고강도로 300분을 소화하려고 한다면 탈이 날 수 있다. 부상을 당하거나 피로가 누적되어 건강에 해를 끼칠 가능성이 크다. 일반적으로 초보자에게는 이러한 고강도 운동을 소화할 체력이 부족하다. 이를 무시하고 시도하면 부상 위험이 높아진다. 초보자는 저강도로 시작해서 점진적으로 중강도 기간을 충분히 늘리며 적응해야 한다.

처음 달리기를 시작하기 전에는 걷기를 통해 저강도 활동을 먼저 시도해야 한다. 이후 점진적으로 속보(빨리 걷기)를 통해 운동 강도를 높이고 체력을 기른다. 이 과정에서 땀이 살짝 나거나 하체가 뻐근한 느낌을 받을 수 있다. 이는 주관적인 느낌에 따라 중강도로 인식할 수 있다. 달리기 초보자는 저강도에서 시작해서 이 같은 중강도를 오래 유지하면서 체력을 길러나가야 한다.

중강도에 충분히 적응하지 않고 바로 고강도로 전환하면 체력이 단기간에 향상된 것처럼 느낄 수 있다. 하지만 이런 현상은 뇌의 착각이다. 신체의 향상 정도는 놀라울 만큼 단기에 간혹 일어나기도 하지만 대부분 점진적으로 진행된다. 어느 날 갑자기 신체 기능이 향상되는 것은 히어로물에서나 가능한 이야기다. 준비되지 않은 고강도 운동은 부상과 과훈련증후군의 위험을 크게 증가시킬 따름이다. 운동에서는 안전이 제일 중요하다는 뜻이다. 건강해지려고 운동을 시작했는데 잘못된 접근이나 강도 조절 실패로 도리어 건강을 잃는 경우도 허다하다는 것을 명심하자.

운동 강도는 주로 토크 테스트, 운동 자각도, 그리고 목표 심박수를 통해 측정한다(1부 〈표1〉 참고). 이 중 가장 간단하고 쉽게 활용할 수 있는 방법이 토크 테스트이다. 토크 테스트는 달리기 중 대화를 나눌 수 있는 정도에 따라 운동 강도를 평가하는 방법이다. 사람마다 운동 강도를 느끼는 방식은 주관적이기에 동일한 속도라 해도 개인에 따라 체감 강도가 다를 수 있다. 예를 들어 어떤 사람에게는 시속 6km로 달리는 것이 가볍게 느껴지지만, 초보자에게는 숨이 찰 정도의 고강도 운동으로 인식될 수 있다.

1. 토크 테스트
운동 강도를 다음과 같이 세 단계로 나누어 평가한다.

- 저강도: 달리면서 대화를 편안하게 이어갈 수 있는 수준
- 중강도: 숨이 차지만 옆 사람과 대화가 가능한 수준
- 고강도: 대화를 나누기 어려울 정도로 숨이 가쁜 상태

토크 테스트는 간단하면서도 개인의 체력 수준에 맞는 운동 강도를 파악하는 데 유용하다. 초보자라면 대화를 나눌 수 있는 저강도에서 시작해 점진적으로 중강도로 전환하며 체력을 키워 나가는 것이 바람직하다.

2. 운동 자각도

신체가 느끼는 피로 정도를 기준을 0에서 10까지의 수치로 나타낸 지표이다. 1에서 10으로 갈수록 운동 강도가 증가하는데, 달리기를 할 때 신체가 느끼는 피로와 힘듦 수준에 따라 다음과 같이 분류한다.

- 저강도: RPE 4 이하
- 중강도: RPE 5~6
- 고강도: RPE 7~8

운동 자각도는 달릴 때마다 달라진다. 동일한 장소에서 같은 코스와 거리를 달려도 운동 자각도는 매번 다를 수 있다. 예를 들어 전날은 운동 자각도가 5정도였는데, 수면 시간이 부족하거나 음식 섭취가 잘되지 않은 날은 운동 자각도를 7로 느낄 수 있다.

운동 자각도는 최대 심장 박동수와 연동되기도 한다. 최대 심장 박동수는 '220-만 나이'로 계산한다. 예를 들어 만 20세의 최대 심장 박동수는 200이다. 60을 임의로 가장 낮은 수치로 잡고 운동 자각도를 표시한 것이다. 운동 자각도를 6~20까지 변환하여 사용하는 경우도 있는데, 이는 심장 박동수를 더 구체적으로 반영하기 위한 방식이다. 운동 자각도는 당일 컨디션, 기온, 습도, 날씨 등에 따라 달라진다.

3. 목표 심장 박동수

운동 강도를 보다 구체적으로 설정할 수 있는 방법이다. 최대 심장 박동수를 기준으로 다음과 같이 운동 강도를 설정한다.

- 저강도: 최대 심박수의 57~63%
- 중강도: 최대 심박수의 64~76%
- 고강도: 최대 심박수의 77~95%

목표 심장 박동수는 스마트 워치와 같은 장치를 이용해 측정할 수 있다. 주관적인 토크 테스트나 운동 자각도에 비해 정량적으로 목표를 설정하고 달성 여부를 확인하기에 유리하다.

4. 운동 일지 작성

달리기를 하고 나서 일지를 작성하면 자신의 운동 상태를 체계적으로 관리하기 좋다. 달리기 일지에는 다음 항목을 포함할 수 있다.

- 달리기 장소: 어디에서 달렸나
- 시작 및 종료 시각: 언제 시작하여 언제 마무리했나
- 달린 거리: 몇 킬로미터를 달렸는가
- 달린 시간: 몇 시간 달렸는가
- 평균 속도: 달린 거리를 달린 시간으로 나누어 평균 속도를 측정한다.
- 운동 자각도: 저강도~고강도 중 어디에 해당하는가

나는 달릴 때마다 아래와 같이 간략하게 달리기 일지를 남겼다. 신체 변화에 대한 특이 사항도 기록할 수 있다.

2024년 4월 28일, 보라매공원
오전 11시 10분–11시 32분

21분 55초

3.35km

6분 32초

RPE 4–5

오른쪽 슬개골 바깥쪽과 아래쪽,
왼쪽 정강이 근육, 오른쪽 가슴 근육,
왼쪽 고관절 앞쪽 불편함

2024년 6월 28일, 보라매공원
오후 8시 37분–9시 8분

30분 24초

5.23km

5분 48초

RPE 5–6

지연성 근육통(DOMS)으로
대퇴사두근과 종아리 근육에
뻣뻣함과 쑤신 느낌

요즘은 심박수와 심폐기능을 측정할 수 있는 편리한 기기가 많아 달리기 시 데이터를 기록하고 분석하기가 수월해졌다. 운동 일지를 쓰면 운동 강도와 컨디션의 변화를 파악하고, 체계적인 운동 계획을 세우는 데 도움이 된다.

기초체력을 단단히 쌓고 기술체력을 올리자

유연성은 관절의 가동범위(range of motion, ROM)로 측정할 수 있다. 어깨, 무릎, 발목 등 각 관절에는 관절이 움직일 수 있는 방향과 각도가 있다.

어깨 굴곡(팔을 앞쪽으로 들어 올릴 때): 최대 180도

무릎 굴곡(무릎을 뒤로 구부릴 때): 최대 135도

발목 배측 굴곡(발등을 위로 들어 올릴 때): 최대 25도

발목 족저 굴곡(발을 아래로 내릴 때): 최대 50도

각 관절의 굴곡 각도는 개인에 따라 약 5도 정도의 편차가 있다. 예를 들어 무릎 관절의 굴곡 각도가 120도에 그친다면, 이는 허벅지 앞쪽 근육이 짧거나 뻣뻣해지는 근육 긴장이 원인일 수도 있고, 근력이 약해서 가동범위가 니오지 않는 경우 즉 근력 부족일 수도 있다. 또는 무릎 손상이나 수술로 인해 관절의 가동범위가 제한되는 탓일 수도 있다. 관절 가동범위가 제한되면 운동을

할 때 필요한 움직임의 범위가 나오지 않아 경기력에 영향을 미친다.

관절 가동범위를 늘릴 때는 부드럽고 천천히 진행해야 한다. 제한된 관절 가동범위를 무리하게 늘리면서 운동하면 어떻게 될까? 부상 확률이 높아진다. 실제로 대부분의 부상 스트레스를 만드는 근본 원인 중 유연성 부족의 비중이 큰 편이다. 달리기를 시작하기 전 스트레칭을 하고 몸을 부드럽게 풀어주는 것은 관절 가동범위를 확보하기 위해서다. 각 관절의 가동범위가 적절하면 달리기를 할 때 보폭이 자연스럽게 커지고 움직임도 효율적으로 나온다. 이는 부상 예방뿐 아니라 경기력 향상에도 직접적인 도움을 준다.

관절 가동범위와 함께 고려해야 할 중요한 요소는 근육의 이완 상태이다. 근육은 수축과 이완을 반복하며 힘을 생성한다. 이는 다른 말로 근육이 짧아지고 길어지는 과정을 거치면서 특정 길이에서 힘을 발휘하는 방식으로 작동한다는 뜻이다. 일상생활과 스포츠 활동은 대개 근육이 짧아지는 방향으로 이루어진다. 이러한 특성 때문에 운동 전후로 스트레칭과 마사지를 통해 근육을 부드럽게 이완시키고 관리해야 한다.

근육이 짧아지고 뭉친 상태에서는 관절 가동범위가 제한된다. 심하면 짧아진 근육이 갑자기 늘어날 때 파열이 생길 수도 있다. 따라서 관절과 근육 모두 유연성을 유지하고 움직임을 잘 조절할 수 있도록 꾸준히 관리해야 한다. 그래야만 달리기 경기력도 점점 향상되고 무엇보다 부상을 예방할 수 있다.

근력은 근육이 한 번에 최대한 발휘할 수 있는 힘을 의미하며, 근지구력은 근육이 오랜 시간 동안 지속적으로 쓸 수 있는 힘을 뜻한다. 근력은 강한 힘을 단시간에 발생시키는 데 초점을 맞추기에 일반적으로 무거운 무게를 다루는 훈련(weight training)을 통해 강화한다. 무게가 무거울수록 근력이 강해진다. 각 관절의 근육군이 한 번에 들어 올릴 수 있는 최대 무게를 1RM(one repetition maximum)이라고 한다. 1RM 측정 후 목표 반복 횟수를 설정해 근육 발달을 위한 운동 프로그램을 설계할 수 있다. 일반적으로 1RM의 60%에 해당하는 무게로 운동하면 근성장에 충분한 자극을 줄 수 있다. 한편 근지구력은 적은 무게로 많은 횟수를 반복하는 훈련을 통해 강화할 수 있다.

근력과 근지구력 운동은 무게와 반복 횟수를 기준으로 나눈다. 이때 적은 횟수와 무거운 무게(2~12회, 1RM의 70~90%)는 근력 및 근비대 훈련 위주이고, 많은 횟수와 적은 무게(12회~20회, 1RM의 50~70%)는 근지구력 훈련에 초점을 맞춘 것이다.

달리기 초보자는 근지구력과 근력 운동 시 전문적인 기구를 이용해도 좋지만, 맨몸 운동을 더 권장하고 싶다. 맨몸 운동은 자신의 체중을 이용해 몸에 저항을 주며 운동하는 방식으로, 별도의 장비 없이 손쉽게 할 수 있다. 운동 초보자에게 적합한 것으로 몸움직임을 스스로 조절하고, 자세를 개선하는 데 도움이 된다. 특히 몸이 따로 노는 것 같다고 느껴진다면 맨몸 운동을 꾸준히 해서 몸 조절 능력을 향상시킬 것을 권한다.

TIP 40~50대를 위한 운동 팁

중장년층(40~50대)부터 체력과 건강 편차가 생긴다. 평소 운동으로 신체 관리를 잘했다면 체력도 좋고, 운동하는 데 무리가 없을 것이다. 반대로 앉아서 일만 한 경우 체력이 부족해서 조금만 움직여도 숨을 헐떡일 수 있다. 개인별로 적합한 운동 강도를 설정해야 한다고 강조하는 배경이다. 또한 중장년층은 고혈압, 당뇨, 고지혈증 등 만성질환도 하나둘씩 생긴다. 따라서 개인마다 운동 전에 주의하거나 질환별 고려 사항을 숙지해야 한다.

중장년층은 유연성과 근력 강화를 위해 기구 운동보다는 가벼운 맨손 체조부터 시작하는 것을 추천한다. 특히, 저항 운동이 필수적인데, 중력을 이겨내고 움직임을 만들어내는 항중력근(antigravity muscles)을 중심으로 운동하면 효과적이다. 주요 항중력근은 척추기립근, 둔근, 복근, 대퇴사두근, 햄스트링, 종아리 근육 등이 있다. 이 근육들은 움직임을 일으키는 대근육이자 자세를 유지하는 데 중요한 근육이다. 중장년층은 걷기만 하는 유산소 운동보다 저항 운동을 시작해야 하는 연령대이다. 근골격계는 신체의 균형 유지와 근골격계 건강에 긍정적인 영향을 미친다.

이제 신체조성에 중요한 요인인 식습관의 관계를 살펴보자. 신체조성은 꾸준한 운동과 식습관 관리를 통해 조절할 수 있다. 물론 달리기를 꾸준히 하다 보면 체지방이 줄고 근육이 어느 정도 증가한다. 하지만 신체조성에 가장 큰 영향을 미치는 요소는 식습관이다. 정제 탄수화물과 단순당 위주의 탄수화물 섭취, 적색육 또는 가공육, 트랜스 지방과 포화지방이 많은 식품은 신체조성에 직간접적인 영향을 미친다. 따라서 달리기를 시작했다면 음식 섭취 시기, 영양 성분, 식습관 등 생활 전반에 걸친 관리가 필요하다. 실제로 운동을 통해 소모하는 칼로리는 케이크 한 조각의 칼로리보다 적은 경우가 많다. 운동만으로 체중을 감량하거나 신체조성을 바꾸는 데 시간이 오래 걸리는 이유다. 효율성을 높이려면 반드시 음식 조절을 병행해야 한다.

기초체력인 유연성, 근력, 근지구력, 심폐기능, 신체조성이 어느 정도 뒷받침되면 기술체력을 발전시킬 수 있다. 보통 기초체력 요소가 발달하면 기술체력도 자연스레 향상된다. 어떤 운동이든 기초체력과 기술체력이 결합되어 있으므로 특정 운동 종목에 필요한 기술체력은 해당 종목에 맞춰 추가로 강화하면 된다.

그렇다면 어떻게 해야 기초체력을 강화할 수 있을까?

기초체력을 늘리기 위한 계획은 최소 8주 이상으로 잡아야 한다. 이는 말 그대로 '최소'이다. 개인의 체력 수준에 따라 12주, 16주, 혹은 24주 이상까지 필요할 수도 있다. 계획을 세울 때는 평소 일상에 무리가 가지 않도록 개인의 시간과 몸 상태를 고려해야 한다. 기초체력을 기르는 동안 달리기를 병행하는 것이 바람직하다. 달리기는 심폐기능, 근력, 근지구력, 신체조성을 향상하는 데 효과적인 운동이다. 기초체력을 모두 채운 다음 달리기를 시작할 게 아니라 적절하게 균형을 맞추며 동시에 함께하는 것이 핵심이다.

달리기가 수련이 되는 순간

　달리기는 단순한 운동이 아니라 체력 수련이다. 꾸준히 달리면서 몸과 마음을 단련하고 신체 건강은 물론 내면의 성장을 동시에 이룰 수 있다. 운동을 꾸준히 한다는 건 결코 쉬운 일이 아니다. 세상에는 운동보다 재밌고 신나는 일이 많잖은가. 소파에 길게 누워 리모컨을 들고 좋아하는 영화나 드라마를 보는 상상을 해보라. 혹은 좋아하는 음악을 듣는다고 상상해보라. 생각만 해도 기분 좋은 일이다.

　운동선수가 아닌 이상 눈에 보이지 않는 무형의 가치를 좇아 정기적으로 꾸준히 운동하는 것은 정말이지 도를 닦는 수련과 같다. 달리기 같은 운동을 충실하게 계속한다는 것은 실제로 대단한 일이다. 성실함이 쌓여 숙련되고 어느 순간 그 분야의 대가가 되는 것처럼, 수십 년 동안 달리기를 실천해온 사람은 실력을 떠나 그 자체로 대가라 할 수 있다. 다른 많은 유혹을 물리치고 몸을 갈고 닦음으로써 건강을 유지하는 것뿐 아니라 그 과정에서 체득한 것들이 삶의 다른 영역에서도 긍정적인 영향을 미치기 때문이다. 달리기이든 다른 그 무엇이든 수십 년 이상 꾸준히 하는 사람은 그 분야에서 어느 정도 경지에 오르게 마련이다. 그런 사람은 뭐든 해낼 수 있다.

　현재 나는 100일 동안 달리기를 실천하는 중이다. 스스로 달리기를 얼마나 꾸준히 할 수 있는지 관찰하고 실천하는 중이다. 어떤 날은 너무 피곤해서 손 하나 까딱하지 않고 누워서 있고 싶은 마음이 굴뚝같다. 그래도 하루라도 더 밖으로 나가 달린다. 그러다 보니 어느 순간부터 달리기를 하지 않으면 기분이 이상해지기 시작했다. 집에만 있으면 몸이 근질근질하고, 다만 1~2km라도 달려야 마음이 편해졌다. 달리는 동안 심장이 뛰는 느낌 속에서 살아 있음을 느꼈다고나 할까.

내 경우, 다시 달리면서 조급함에서 벗어났다. 평소 성격이 급한 탓에 일을 시작하면 빠르게 결과를 내야 만족했다. 고단한 와중에도 새로운 일에 다시 도전하곤 했다. 그런데 달리기를 다시 시작하면서 체력이 점점 좋아지자 마음도 여유로워졌다. 내공이 생긴 것일까? 결과를 떠나 다시 시도하는 데 주저함이 없어졌고, 실패에 대한 두려움도 줄었다.

달리기가 좋아질수록 가장 경계해야 할 것은 무리한 자신감이다. 야심 차게 긴 거리를 달리고 나면 하루의 기쁨을 누리기엔 충분하지만, 다음 날 몸이 버티지 못해 며칠 혹은 몇 주를 쉬게 되는 상황도 생길 수 있다. 물불을 가리지 않는 뜨거운 사랑이 생각보다 쉽게 식는 것처럼, 혹은 급하게 먹은 밥이 체하는 것처럼, 달리기가 한여름 밤의 꿈으로 끝나지 않게 하려면 지나침을 경계해야 한다.

나에게 달리기는 단순히 건강을 위해 가볍게 시작했던 운동에서 경건한 마음으로 임하는 수련이 되었다. 자기 전에는 내일의 날씨를 확인하며 비가 오지 않길 바란다. 비가 오는 날이면 그날은 휴식을 취하라는 하늘의 메시지인가 보다 하면서 충분히 푹 쉰다. 달리기로 체력이 좋아진 만큼 일의 능률도 올랐다. 예전처럼 쉽게 지치지 않고, 일을 다 해놓고 불안해하지도 않는다. 건강이 점점 좋아지면서 마음도 긍정적으로 바뀌는 중이다.

몸과 마음, 마음과 몸은 즉각적으로 영향을 주고받는다. 결코 몸 따로 마음 따로일 수 없다. 나는 달리기를 통해 얻은 열정과 에너지가 내 삶에 꾸준히 영향을 미치기를 바란다. 그래서 달리기를 수련이라 생각하면서 부족한 부분은 체력 훈련으로 보완하고자 노력한다. 보디빌더처럼 멋진 근육을 만들기보다는 수련자의 몸으로, 겉보기에는 그저 평범하지만 지구력이 높은 몸을 목표로 꾸준히 수련하고 싶다.

러너를 위한 식습관

평소의 식습관이 달리기에 영향을 준다

나는 주로 밤에 달린다. 업무를 마치고 퇴근하는 시각이 대개 7~8시, 식사까지 마치면 9시~10시를 넘기기도 한다. 저녁은 가급적 한식 위주로 먹는다. 탄수화물, 지방, 단백질, 비타민, 무기질 등 골고루 섭취하면서 나름대로 영양학적인 면에서 균형을 잡으려 애쓴다. 물론 매번 모든 영양성분을 철저하게 챙기지는 못하지만, 건강을 위한 식단 변화를 실천하는 중이다.

마흔을 넘기며 식습관에 큰 변화가 생겼다. 우선 즉석 가공식품 섭취를 대폭 줄였고, 흰쌀밥 대신 잡곡밥을 선택했다. 밥을 지을 때는 검은콩을 넣어 영양분을 보충한다. 아직 찌개류를 완전히 끊지는 못했어도 되도록 기름기를 줄이면서 국물은 짜지 않게 먹으려고 노력한다.

가장 큰 변화는 녹황색 채소와 과일 섭취량이 늘었다는 점이다. 예전에는 과일을 어쩌다가 먹는 정도였는데, 최근 채소와 과일의 효능을 알고 난 후 자주 섭취하게 되었다. 건강을 생각하는 나이가 된 터다. 매일 한잔 이상 마시던 커피도 거의 끊었다. 약속 때문에 카페에 가면 한 달에 한두 잔 정도 마시는 수준으로 줄었다. 나에게는 아주 큰 변화였다.

혈액 수치가 나빠진 이후 식습관을 더욱 꼼꼼하게 챙기게 되었다. 최대한 건강하게 먹으려고 노력했지만, 때로는 고기(동물성 단백질)도 한 번씩 먹었다. 급격히 변하는 것은 어렵지만, 그래도 조금씩 변화를 만들어가는 중이다.

저녁을 먹을 때는 위를 90%까지 채우지는 않되 배고픈 수준에 따라 60~70% 정도 포만감을 느끼도록 먹는다. 이 정도는 되어야 그래도 하루를 보상받았다는 느낌이 들고, 저녁 이후 다른 업무를 볼 수 있을 만큼 에너지도 보충되기 때문이다.

보통 저녁을 먹고 나서는 소화를 돕기 위해 20~30분 정도 가벼운 산책과 스트레칭을 한다. 하지만 배가 다소 더부룩한 상태에서 달리기를 시작하면 음식이 소화되지 않아 불편함을 느끼게 된다. 배 속에서 음식물이 흔들리고, 다리를 들어 올릴 때 복근이 함께 사용되면서 들숨과 날숨이 제한된다. 호흡이 어려워지면 자연스럽게 달리는 게 힘들어진다.

소화를 돕기 위해서는 식사 후 2~3시간 동안 무리한 운동을 피하는 것이 좋다. 소화는 부교감신경이 활성화된 상태에서 원활히 이루어지는데, 달리기는 교감신경을 활성화시켜 긴장 상태를 유발한다. 교감신경이 활성화되면 부교감신경은 억제되어 소화가 방해받는다. 따라서 식사 후 바로 달리기보다는 충분히 소화 시간을 갖고 운동을 시작하는 것이 중요하다.

달리기 전 섭취한 음식의 양과 성분은 컨디션에 큰 영향을 미친다. 소화하기 힘든 음식이나 기름진 음식, 자극적인 음식(맵고 짠 음식), 튀김류 등은 피하는 편이 좋다. 특히 달리기 대회나 마라톤에 참여할 경우, 출발 시간을 기준으로 12~18시간 전에는 소화가 어려운 음식을 피하고 음식량을 줄인다. 대신 물과 주스를 나눠서 마시고, 배가 고프면 빵이나 바나나 같은 부드러운 음식을 먹는다. 출발 1~4시간 전에는 소량의 물과 전해질 음료를 정기적으로 마시면서 컨디션을 조절한다.

장거리 달리기는 탈수를 유발할 수 있으므로 달리기 전과 중반, 그리고 달리기 이후 반드시 수분을 보충해야 한다. 달리는 도중에 급수대에서 정기적으로 물을 마시는 것은 탈수 예방에 효과적이다. 달리는 중에 땀이 많이 나면 어지러움, 근육통 등이 발생할 수 있으므로 수분 섭취에 신경을 많이 써야 한다. 탈수 상태에서는 혈액 내 수분 부족으로 세포와 근육에 산소와 영양소 공급이 원활하지 않다. 글리코겐을 에너지로 쓰지 못하며, 혈액 내 노폐물 운반과 제거도 어려워진다. 이런 상태는 곧장 경기력 저하로 이어지므로 수분 공급은 반드시 신경을 써야 한다.

하루에 필요한 에너지는 성인 남성의 경우 2500~2700kcal, 성인 여성은 2000~2400kcal이다. 가볍게 1시간 조깅하면 성인 남성은 500~600kcal, 성인 여성은 400~500kcal를 소비한다. 달리기로 소비되는 에너지를 고려하여 균형 잡힌 영양소가 함유된 음식을 섭취해야 하는 이유다.

추천 음식

- 복합 탄수화물: 퀴노아, 귀리, 수수 등이 섞인 잡곡밥, 고구마
- 불포화지방산: 아보카도, 호두, 아몬드, 치아씨드
- 식물성 단백질: 대두, 두부, 콩
- 비타민이 풍부한 음식: 토마토, 당근, 시금치, 피망, 호박, 딸기, 오렌지, 사과 등 과일 · 채소류
- 칼슘 함유 식품: 미역, 김, 다시마, 멸치류

특정 음식이나 성분이 달리기 능력을 월등히 향상시키지는 않는다. 평소 건강한 음식을 섭취하되 달리기 전후나 대회 준비 시에는 조금 더 신경 써서 조절하는 것이 중요하다.

달릴 때의 에너지 공급 메커니즘

달리기 경기력을 향상하려면 인체 내 에너지 시스템의 작동 원리를 이해해야 한다. 에너지 공급 시스템은 산소의 이용 여부에 따라 무산소성 시스템과 유산소성 시스템으로 나눈다. 이는 우리가 흔히 말하는 무산소 운동과 유산소 운동의 개념과도 일맥상통한다.

무산소성 에너지 시스템

100m 달리기와 같은 단거리 폭발적 운동에서는 무산소성 에너지 시스템이 사용된다. 이 시스템은 두 가지로 나뉜다.

1. ATP-PCr 시스템

- ATP(아데노신 삼인산): 고에너지 결합을 가진 분자로, 인체의 필수 에너지원이다.
- PCr(크레아틴 인산): ATP가 고갈될 때 에너지를 재충전하는 역할을 한다.

ATP-PCr 시스템은 '인산 시스템'으로도 불리며, 신체가 움직이기 시작한 초기 10초 이내에 주로 작동한다. 이 단계에서 ATP가 직접 에너지원으로 사용되고, 고갈된 ATP를 재합성하기 위해 PCr이 빠르게 작동한다.

2. 젖산 시스템(무산소성 해당과정)

ATP-PCr 시스템이 고갈된 후, 에너지를 생성하기 위해 젖산 시스템이 작동한다. 이 과정은 산소를 사용하지 않으며, 단기간에 높은 강도의 운동을 지원한다.

3. ATP-PCr 시스템의 역할

ATP-PCr 시스템은 단거리 달리기, 점프, 역도와 같은 폭발적이고 짧은 운동에서 필수적인 에너지 공급원이다.

- 즉각적인 에너지 제공: 운동 시작과 동시에 ATP를 에너지원으로 직접 사용한다.
- 빠른 재충전: ATP가 소모되면 PCr이 재충전을 지원하며, 이 과정은 약 10초 이내에 이루어진다.
- 한계점: PCr의 저장량은 제한적이므로, 장시간 지속적인 운동에는 적합하지 않다.

이러한 시스템을 이해하고 훈련에 적용하면, 단거리 달리기와 같은 폭발적인 운동의 효율성과 경기력을 극대화할 수 있다.

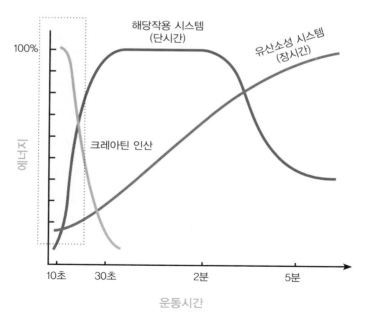

〈그림11〉 운동 시간과 에너지 시스템

ATP-PCr 시스템이 고갈된 후 포도당(glucose)이 에너지원으로 사용된다. 포도당은 혈류와 근육과 간 내 글리코겐이 분해될 때 나온다. 글리코겐은 포도당으로 이루어진 다당류를 말한다. 글리코겐은 평소 근육과 간에 저장된다. 포도당 분자가 ATP를 합성하기 위한 과정을 해당과정(glycolysis)이라 한다. 고강도 운동이 지속되면 체내의 글리코겐은 점차 고갈되고, 피루브산이 젖산으로 전환한다. 시간이 지날수록 젖산은 근육에 쌓이게 된다. 포도당이 피루브산을 거쳐 젖산으로 분해되는 과정을 무산소성 해당과정(젖산 시스템)이라 부르는데, 무산소성 해당과정은 대개 달리기의 경우 30초에서 2분 정도 사이에 주로 에너지 시스템으로 이용된다. 젖산이 축적되면 근육이 피로해지고 통증이 생긴다. 따라서 젖산은 제거하는 게 좋다. 혈중 젖산은 간으로 운반되었다가 간에서 글리코겐으로 다시 저장되거나 혈액으로 방출된다. 그러고는 혈중 포도당이 되어 에너지로 다시 공급된다.

정리하면 근육에서 생성된 젖산이 혈액에서 간으로 운반되고 포도당으로 재사용하는 경로를 코리 사이클(cori cycle)이라 한다. 무산소성 해당과정은 산소를 사용하지 않는 과정으로 탄수화물(포도당 또는 글리코겐)만 이용하고, 지방과 단백질은 이용하지 않는다.

유산소성 에너지 시스템

유산소 에너지 시스템에서는 미토콘드리아(mitochondria)의 역할이 중요하다. 미토콘드리아는 산소를 활용하여 포도당 대사 경로를 조절하는데, 유산소성 해당과정이 여기에서 이루어진다.

유산소 에너지 시스템은 다음 과정으로 ATP를 생성한다.

1. 시트르산 회로(크랩스 회로 또는 TCA 회로)

미토콘드리아 기질에서 시트르산 회로(크랩스 회로 또는 TCA 회로)가 일어난다. 참고로 미토콘드리아 내막에서 전자전달계와 화학 삼투가 일어난다. 유산소 시스템은 산소 사용이 높아 해당과정 속도가 빠르지 않다. 이 상황에서 피루브산은 미토콘드리아에 들어가 아세틸조효소A로 전환한다. 아세틸조효소A는 크랩스 회로 산화과정을 거치면서 ATP를 합성하고 수소와 전자를 방출하며, 부산물로 이산화탄소(CO_2)를 만든다.

2. 전자전달계

크랩스 회로에서 방출된 수소와 전자는 NAD(니코틴아미드 아데닌 디뉴클레오티드), FAD(플라빈 아데닌 디뉴클레오티드)에 의해 산소로 전달된다. 이 과정을 전자전달계라 부르는데, 이때 다량의 ATP가 합성되고 부산물로 물(H_2O)가 생긴다. 탄수화물, 지방, 단백질이 저장 형태에 따라 부산물로 산소와 결합하고, 이는 미토콘드리아에 의해 일어난다.

정리하면 유산소 에너지 시스템은 물(H_2O)과 이산화탄소(CO_2)를 생산하기 위해 탄수화물, 지방의 산화와 유산소 대사 과정을 통해 ATP를 만드는 과정이다.

운동 시간과 강도에 따른 에너지 시스템의 전환

무산소성 에너지 시스템과 유산소성 에너지 시스템은 운동의 시간과 강도에 따라 영향을 주고받는다. 달리기를 시작한 지 1분에서 2분이 넘어갈 때 무산소성, 유산소성 에너지원은 비슷하게 쓰인다. 올림픽 육상 달리기 기준으로 단거리는 400m 이하를 말하고, 중거리는 500m 이상 5km 미만이다. 장거리는 5km 이상을 말한다. 500~800m를 달리면 중거리로 유산소 에너지원이 우세하게 쓰이기 시작한다. 100m를 달릴 때의 속도로 800m를 넘어서면서 풀코스 마라톤을 달리는 일반인은 없을 것이다. 다만 엘리트 마라톤 선수는 평균 속도가 일반인의 100m 달리기 수준으로 달리기에 예외이긴 하다. 참고로 2023년 시카고 마라톤에서 케냐의 켈빈 킵툼은 2시간 00분 35초로 42.195km 세계기록 보유자가 되었다. 마라톤을 100m당 평균 17.1초의 속도로 달린 셈이다.

달리기에 쓰이는 영양소

달리기를 수행할 때 우리 몸은 다양한 영양소를 사용한다. 영양소는 크게 다량영양소와 미량영양소로 구분되는데, 탄수화물, 지방, 단백질, 물은 다량영양소이고, 비타민, 무기질은 미량영양소에 속한다. 이 중 다량영양소는 주로 에너지를 공급하며, 미량영양소는 대사작용을 지원한다. 다량영양소 중 탄수화물과 지방은 세포에 필요한 에너지를 공급한다. 탄수화물과 지방은 몸에 저장되어 에너지 시스템을 통해 활용된다. 단백질은 성장과 발달에 중요한데, 근육과 효소에 아미노산을 공급해 근수축을 돕는다. 또한 단백질은 비타민, 무기질, 물과 함께 대사작용을 촉진한다.

탄수화물

달리기 시 탄수화물은 일차적 에너지원으로 활용되기에 특히 중요하다. 탄수화물은 뇌와 골격근의 주요 에너지원이며, 단순 탄수화물과 복합 탄수화물로 분류한다. 단순 탄수화물은 단당류와 이당류로 구성된다. 단당류에는 포도당, 과당, 젖당이 포함되며, 이당류는 유당, 엿당, 자당 등 단당류 두 개가 연결된 형태이다. 복합 탄수화물은 올리고당과 다당류로 이루어져 있으며, 단당류 세 개 이상의 구조를 가진다.

탄수화물은 혈액 내에서 포도당 형태로 존재하거나 간과 근육에 글리코겐 형태로 저장된다. 간과 근육에 저장된 글리코겐은 혈액 내 포도당 수준을 조절하는 데 중요한 역할을 한다. 특히 장거리 달리기 시 혈액 내 포도당 수준이 감소하면 간의 글리코겐이 분해되어 혈액으로 포도당이 공급되어 에너지원으로 쓰인다. 탄수화물 대사는 운동 강도에 따라 달라진다. 저강도 운동에서는 주로 혈액 내 포도당이 에너지원으로 쓰이고, 고강도 운동에서는 간과 근육에 저장된 글리코겐이 주로 활용된다. 이는 보통 최대 산소섭취량의 65~75%에서 두드러진다. 특히 탄수화물은 지방보다 고강도 운동에서 더 우세하게 사용되며, 초기 단계에서 주요 에너지원으로 작용한다. 그러나 약 20분 이후부터는 지방 대사가 점차 활성화되며 에너지원으로 전환된다(〈그림12〉 참고).

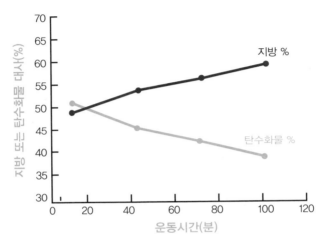

〈그림12〉 운동 시간에 따른 탄수화물과 지방 대사 비율

지방

지방은 중성지방, 인지질, 콜레스테롤로 구분한다. 중성지방은 에너지를 저장하고, 체온을 유지하며, 주요 기관을 보호한다. 인지질은 세포막을 구성하여 미토콘드리아와 같은 세포기관을 둘러싼다. 콜레스테롤은 세포막 형성과 스테로이드 호르몬 생성에 기여한다.

지방은 종종 부정적으로 인식되지만, 인체에 에너지를 공급하고 보호 기능을 수행하는 필수 영양소이다. 대부분의 지방은 중성지방 형태로 저장되며, 일부는 근육 내에 저장된다. 저강도 운동에서는 혈장 유리지방산이 주요 에너지원으로 사용되는데, 이는 전체 에너지 소비량의 85~90%를 차지한다. 운동 강도가 증가할수록 근육 내 중성지방의 사용도 증가하다가 최대 산소섭취량의 65~85% 수준에서는 근육 내 중성지방과 혈장 유리지방산이 비슷하게 쓰인다.

장시간 달리기에서는 시간이 지남에 따라 탄수화물 대사에서 지방 대사로 에너지원 비율이 점차 이동한다. 따라서 지방을 효과적으로 연소하려면 40분 이상 천천히 달리기는 것이 유리하다. 지방 연소는 강도보다 운동 시간이 더 큰 영향을 미친다.

단백질

단백질은 근육 수축과 면역 기능에 중요한 역할을 한다. 단백질은 식이 섭취 유무에 따라 필수 아미노산(음식을 통해 섭취)과 비필수 아미노산(체내에서 합성)으로 나눈다. 동물성 단백질은 필수 아미노산이 풍부하며, 근육 합성과 수축에 효과적이다. 반면, 식물성 단백질은 모든 필수 아미노산을 포함하지 않기 때문에 보완이 필요하다.

달리기에서 단백질은 에너지원으로서의 역할이 상대적으로 적다. 달리기를 1시간 이내 했을 때는 전체 에너지 소비량의 약 2% 미만으로 사용되며, 42.195km 마라톤과 같은 장거리 달리기에서는 막바지에 5~10%까지 소비량이 증가한다. 단백질은 주로 아미노산으로 분해되어 근육으로 공급되는데, 이는 칼슘 증가로 인한 단백질 분해효소 활성화와 관련이 있다.

물

물은 성인 체중의 50~60%를 차지하며, 특히 심장, 간, 골격근의 75%가 수분으로 구성된다. 물은 혈액, 점액, 땀의 주요 성분으로, 체온 및 혈압 조절, 영양소 이동, 소화 작용 등 다방면에서 중요한 역할을 한다.

장거리 달리기 중 탈수는 에너지원 공급 저하, 체온 상승, 혈압 불안정 등으로 이어질 수 있으므로 특히 주의해야 한다. 탈수를 예방하기 위해 달리기 전에는 일정량의 물을 나눠 섭취하고, 달리기 중에는 급수대에서 조금씩 물을 마시는 습관이 중요하다.

비타민과 무기질

비타민은 에너지 대사, 성장 및 발육, 아미노산 대사, 뼈 건강, 면역 기능 등에 영향을 미친다. 에너지원으로 직접 쓰이기보다 탄수화물, 지방, 단백질의 대사 작용을 보조하고 전환하는 데 쓰인다.

무기질은 수분균형, 세포 대사 작용, 성장과 발달, 뼈 건강 등에 기능한다. 칼슘은 근수축에 필수적인 역할을 한다. 칼륨은 신경과 근육세포가 작용하는 것을 돕는다. 나트륨은 체액 균형을 유지하는 데 쓰인다. 이처럼 비타민과 무기질은 미량영양소이지만 대사와 순환에 중요한 역할을 한다.

달리기에 꼭 필요한 특정 영양소는 없다. 골고루 먹되 특정 영양소가 과잉되거나 결핍되지 않게 균형 잡힌 식단을 구성하도록 한다. 마흔이 넘어가면 영양 섭취 시 단순 탄수화물과 정제 탄수화물 섭취를 줄이는 게 좋다. 단순 탄수화물과 정제 탄수화물을 과도하게 섭취하면 혈당이 올라가 인슐린 분비가 많아진다. 또한 혈당 상승이 심하면 인슐린은 지방으로 저장되어 비만과 대사 증후군이 생길 위험이 높아진다. 지방은 포화지방과 트랜스 지방을 피하도록 한다. 동물성 음식에 많이 함유된 지방은 혈관 내 혈액을 끈적하게 만든다. 끈적한 형태로 혈관 벽에 쌓이면 장기적 결과로 대사 및 순환 질환을 일으킬 수 있다. 단백질은 적색육, 가공육과 같은 동물성 단백질보다 식물성 단백질을 더 자주 섭취하여 혈관 질환을 예방하도록 하자. 가끔 동물성 단백질을 먹되 식물성 단백질 위주로 식사하는 것이 만성질환을 예방하거나 조절하는 데 유리하다. 평소 먹는 음식을 건강한 조리법으로 먹고 식습관을 적절히 유지한다면 운동 능력이 향상되고 전반적인 건강도 개선될 것이다.

노(No), 피스 레이스!

소풍 전날처럼 설레는 달리기 대회

평소보다 일찍 깨어났다. 새벽잠을 설쳤다. 오랜만에 달리기 대회에 나간다는 설렘과 걱정이 교차해서였다. 비록 10km 대회였지만, 나에게는 중요한 이벤트였다. 어떻게 하면 더 즐겁게 완주할 수 있을까를 고민하며 준비를 시작했다.

달리기를 다시 시작한 지 한 달 정도 되었고, 대회 참가도 오랜만이었다. 과거에는 매년 같은 대회나 새로운 대회에 꾸준히 나가곤 했다. 달리기 대회에 참가를 결정할 때는 일정, 장소, 그리고 기념품이 중요한 기준이었다. 특히 기념 티셔츠의 브랜드나 디자인이 마음에 들면 고민 없이 신청했다. 그래서 의류 브랜드 또는 메이저 언론사에서 주최하는 달리기 대회가 인기가 많은가 보다. 이런 대회는 대부분 접수 시작과 동시에 마감된다. 아침에 일어났을 때 몸이 약간 무거웠다. 전투에 임하는 전사의 마음과 부담감인가. 혹시 컨디션에 문제가 있지 않을까 걱정하며 몸 상태를 점검했지만, 다행히 특별히 아픈 곳은 없었다. 평소 출근하는 날은 밥을 차려 먹거나 샌드위치를 가볍게 먹고, 집을 늦게 나서도 되는 날에는 아침 겸 점심을 든든하게 먹고 나간다. 그러나 오늘은 대회가 있는 날이다. 오전 7시쯤 간단히 바나나 두 개와 단백질 바를 먹었다. 물도 250ml 양을 두 잔 마셨다. 과식은 피하면서 충분한 에너지를 섭취해야 하기에 천천히 꼭꼭 씹어 먹었다. 오늘처럼 매일 아침식사를 한다면 무병장수할 수 있겠다는 생각이 문득 들었다. 에너지가 샘솟는 느낌이었다. 재빨리 씻고, 며칠 전 도착한 기념 티셔츠와 반바지 등을 입었다. 달리기 중 땀이 눈에 들어가면 안 되니 헤어밴드도 착용했다. 기념 양말을 신자 약간의 흥분감마저 밀려왔다.

운동화를 고르느라 잠시 고민했다. 평소 달리기를 할 때는 얼룩무늬 운동화를 신는데, 이번에는 왠지 몇 년 전 달리기 대회에 자주 신고 나갔던 빨간 운동화에 눈이 갔다. 예전의 느낌을 다시 느껴보자는 마음으로 빨간 운동화를 신었다.

모든 준비를 마친 후 집을 나섰다. 그런데 걸을 때마다 신발 바닥이 달그락 달그락거렸다. 마치 딸깍발이를 신고 나서는 선비 같았다. 집에서 나와 버스 정류장 방향으로 약 200m를 걸으면서 짐짓 고민이 되었다. 이 신발을 신으면 경주마가 달리듯 달각달각 소리를 내며 잘 달릴 것 같다는 생각이 아니라 밑창이 떨어져서 생기는 불상사가 걱정된 것이다. 다시 집으로 돌아갔다. 얼룩무늬 운동화로 바꿔 신고 나서야 안심이 되었다.

버스 정류장에는 나와 같은 유니폼을 입은 사람이 두 명 있었다. 보통 달리기 대회에서는 수천 명에서 수만 명이 달리는데, 이번 대회는 7천 명 정도 참가한다고 했다. 대회 장소는 여의도공원이었다(서울에서는 여의도, 상암, 광화문, 잠실 등에서 대회가 자주 열린다). 버스를 타고 갈수록 같은 티셔츠를 입은 동지들이 점점 늘어났다. 목적지 부근에 이르자 버스 안 사람 중 3분의 2가 검은색 마라톤 티셔츠를 입고 있었다. 하차 정류장에 내리니 검은 티셔츠를 입은 사람들이 무리를 지어 대회 집결지로 향하고 있었다. 나처럼 개인의 자격으로 참가하는 예도 있지만 대개는 친구끼리, 혹은 동호회별로 많이 참가한다. 그래서 달리기 상의는 같지만 번호표는 다르다. 순간 '아, 이 느낌이었지.' 하는 반가움이 일었다.

2020년 코로나-19 시기에는 달리기 대회가 일절 열리지 않았다. 대면 달리기 대회는 거의 취소였다. 다수가 모이는 것은 방역 수칙상 불가였기 때문이다. 다만 비대면 달리기 대회로 각자 원하는 장소에 가서 달리는 경우는 있었다.

출발 40분 전에 도착한 대회장은 이미 활기로 가득했다. 대회장 분위기도 느낄 겸 천천히 걸으며 행사 부스를 구경했다. 사람들은 여의도 공원 내 문화의 마당에서 각자의 영역을 유지한 채 몸을 풀고 있었다. 짐을 정해진 장소에 맡기기도 하고, 선크림을 바르는 등 각자 뛸 준비를 하고 있었다. 무대에서는 흥을 돋우는 치어리더팀이 이미 공연을 시작한 터였다. 미국 영화나 드라마에 나오는 것처럼 어깨 위로 한 사람이 올라가서 던지고 아래서 받아주는 퍼포먼스를 선보이고 있었다. 몸풀기를 위한 스트레칭 시간도 있었다. 신나는 음악과 강사의 구호에 맞춰 사람들은 스트레칭을 따라 했다.

나는 군중이 드문 곳으로 이동해 가볍게 왔다 갔다 달리기를 했다. 본격적으로 달리기 전 가볍게 달리는 이유는 체온을 올리기 위해서다. 주위에 몇몇 사람도 그렇게 몸을 풀고 있었다. 가볍게 달린 후 평소 뻣뻣한 관절, 근육 위주로 몸을 풀었다. 아침이라 몸이 덜 풀린 느낌이었다. 6월 초라 날씨는 따뜻했지만, 기온만으로 몸이 풀리기엔 역부족이었다. 이윽고 참가자들은 5km와 10km로 나뉘어 각자의 조로 향하기 시작했다.

나는 10km B조에 줄을 섰다. 기록이 빠른 숙련된 50분 이내 완주 희망자는 A조에 섰고, 10km를 55분 이내에 완주하기를 희망하는 사람들은 B조에 섰다. 60분 넘어 여유롭게 달리기를 원하는 희망자들은 C조였다. 한꺼번에 많은 사람이 질서 없게 달리면 사고가 나기 때문에 5분 간격으로 출발을 조정한다. 달리기 대회인 만큼 1등, 2등, 3등 순위권에는 시상도 한다. 기록이 빠른 참가자들은 A조 앞쪽에 위치했다.

사회자의 안내에 맞춰 '탕' 하는 소리와 함께 A조가 출발했다. 나도 천천히 B조 무리들과 이동하며 호흡을 가다듬었다. 무려 5년 만에 참가하는 대면 달리기 대회의 출발 전이었다. A조는 신나는 음악과 사회자의 안내, 구호에 맞춰 천천히 출발선을 통과했다. 이제 B조가 달릴 차례였다. 나는 B조 중간쯤 위치했다. 오랜만에 대면 대회에 참가하는 설렘 속에서 핸드폰 앱과 애플 워치로 기록 측정 기능을 준비하며 출발선을 향했다.

정신 바짝 차려야 하는 달리기

드디어 B조도 출발했다. 나는 기록 측정 버튼을 누르면서 출발선을 넘었다. 출발선, 반환점, 도착선마다 바닥에 설치된 기록 측정기를 지나갈 때마다 삐- 하는 기계음이 울렸다. 이는 기록 칩이 인식되는 소리로, 만약 인식되지 않으면 대회 기록 문자를 받을 수 없기에 참가자들은 모두 의식하며 지나갔다. 기계음이 연이어 울리는 가운데 설렘과 상쾌함이 교차했다. 드디어 시작이라는 생각과 좁은 길에서 천천히 움직일 수밖에 없는 답답함이 뒤섞였다.

여의도공원 문화의 마당을 지나 여의도 한강공원 쪽으로 빠져나가는 길은 좁았다. 많은 사람이 몰린 상황에서 앞사람을 무리하게 제치려다가는 사고가 나기 쉽다. 특히 대규모 대회에서는 부딪혀 넘어지는 일이 종종 발생하기 때문에 조심해야 했다.

천천히 달리던 중, 맞은편에서 조깅하던 여성이 다가오고 있었다. 내 앞쪽에서 한 남성이 그녀를 보지 못한 채 부딪쳤다. "퍽-" 하는 소리와 함께 여성은 고통스러운 표정으로 어깨를 감싸며 멈춰 섰다. 남성은 머리를 숙이며 연신 사과했고, 여성도 이해한다는 뜻으로 고개를 끄덕였다. 다행히 둘 다 크게 다치지 않았고, 여성은 곧 다시 달리기 시작했다. 하지만 그 광경을 지켜보던 주변 사람들 모두 안타까운 표정을 지으며 조심스럽게 발걸음을 옮겼다.

이런 사고는 언제든 발생할 수 있다. 특히 인파가 몰릴 때는 항상 주의를 기울여야 한다. 달리기 대회는 흐르는 물결처럼 이어지기 때문이다. 그 순간이 스쳐 지나가는 동안, 나는 달리기의 즐거움과 더불어 항상 안전을 염두에 둬야 함을 다시 한번 느꼈다.

여의도 한강공원에 들어서서 왼쪽으로 달리기를 이어갔다. 1km마다 표지판이 세워져 있었고, 곳곳에서 달리기 봉사자들이 응원과 안내를 도왔다. 공원 도로는 뙤약볕에 노출되어 있었기에 아침인데도 상당히 더웠다. 서강대교가 오른쪽에 보일 무렵, 약 300m를 달리던 중 반대편 도로에서 5km 주자들이 반환점을 돌아 결승선을 향해 빠르게 지나갔다. 그들의 속도가 매우 감탄스러웠다.

B조의 참가자들은 이제 막 10분 정도 달린 상태였지만, 5km 상위 주자들은 이미 결승선을 향하고 있었다. 당산철교로 향하는 길은 좁았고, 도로 폭이 한 줄에 4~5명만 지나갈 정도여서 앞으로 나아가기가 쉽지 않았다. 주말 사이클링을 즐기러 나온 사람들은 자전거 도로가 협소해졌다고 불만을 표하며 자전거를 끌고 지나가야 했다.

달리는 동안 다른 참가자들의 자세와 주법을 관찰했다. 각자의 스타일이 모두 달라 흥미로웠다. 3km를 넘어가니 걷기 시작하는 사람들이 눈에 띄기 시작했다. 달리기 대회는 걷기를 허용하기 때문에 탈락이나 실격 걱정 없이 자유롭게 즐길 수 있다. 대회는 단순히 기록을 위한 경쟁이 아니라 풍경과 분위기를 즐기는 자리임을 다시금 느꼈다. 어떤 사람들은 표지판마다 멈춰 사진을 찍거나 풍경을 즐기며 쉬기도 했다. 하지만 달리다 갑자기 멈추거나 걷기 시작하면 뒤따르던 사람과 부딪힐 위험이 있었다. 속도를 줄이거나 걷고 싶다면 도로 밖으로 빠져주는 것이 안전한 방법이다.

달리는 중간중간 급수대가 보였는데, 테이블 위마다 물과 에너지 음료가 준비되어 있었다. 첫 번째 급수대는 지나쳤다.

평소 밤에 달릴 때와 달리 오전에 달리니 기온과 습도 차이가 확연했다. 공기가 무겁게 느껴졌고, 숨도 더 빨리 찼다. 처음에는 흡흡-하하 하며 호흡을 유지했지만 중간부터는 아예 호흡법을 무시하고 달렸다. 앞을 보니 검은 티셔츠를 입고 줄을 지어 달리는 참가자들의 모습이 흡사 개미떼 같았다.

양화대교와 성산대교를 지나면서 반환점인 5km 지점에 도달했다. 반환점에서도 기록 측정기기를 지나야 한다. 반환점까지 가지 않고 중간에 돌아서면 기록이 인정되지 않는다. 5km까지는 달릴 만했다. 앞으로 나아가고 싶을 만큼 체력과 컨디션이 괜찮았다. 이번 달리기의 목표는 10km를 60분 이내에 완주하고, 단한 번도 걷지 않는 것이었다. 반환점을 돌며 뒤에서 달려오던 C조 참가자들과 눈이 마주쳤다.

7km 구간까지도 무난하게 달렸다. 급수대에 놓인 에너지 음료를 마실 때도 멈추지 않고 조심스럽게 속도를 줄였다. 점점 더 힘들어지던 순간, 앞서거나 뒤서거니 하던 20대 중반의 한 참가자

가 눈에 띄었다. 내가 페이스메이커 삼았던 사람이다. 원래는 달리기를 온전히 즐기겠다는 마음으로 나온 터였지만, 왠지 저 사람을 앞서고 싶다는 경쟁심이 발동했다. 아직 진정한 러너가 되지 못했나 보다. 달리기 대회에서는 보통 시간대별로 공식 페이스메이커가 있다. 덕분에 자신의 속도를 가늠하며 속도(pace)를 조절할 수 있다. 손목에 찬 애플워치로 시간을 가끔 보긴 했지만, 나의 페이스메이커는 그 20대 중반 참가자였다. 그는 대부분 내 앞에서 달렸지만, 7km 표지판을 지나면서 내가 조금 앞서 나가기 시작했다.

8km를 지나면서 숨은 더 가빠지고 다리는 무거워졌지만, 속도를 늦출 정도는 아니었다. 더운 날씨 속에 흘러내리는 땀만이 실감 날 뿐이었다. 9km를 지나자 여의도공원이 점점 가까워졌다. 이제 남은 건 마지막 1km였다. 몸은 더 무거워지고 속도도 줄었지만, 포기할 생각은 들지 않았다. 꾸준히 달린 덕분에 끝까지 완주할 수 있다는 자신감이 있었다.

도착선이 30m 앞으로 다가왔다. 막판 스퍼트를 낼까 고민하던 찰나, 옆에서 나란히 달리던 20대 여성이 친구에게 말했다.

"빨리 달리지 마! 무리할 필요 없어!"

그 말을 듣는 순간, 나도 무리하지 않기로 했다. 그녀의 한마디가 친절하게 느껴졌다. 결국 스퍼트 없이 자연스럽게 도착선을 통과했다. 기록은 58분. 목표했던 시간 안에 완주했다는 뿌듯함이 밀려왔다.

도착선에는 계속 통과하는 사람들과 이미 도착한 사람들이 뒤

엉켜 있었다. 심장은 요동쳤고, 크게 숨을 들이마시며 산소를 채웠다. 힘들지만 완주했다는 성취감이 더 크게 다가왔다.

달리기를 마치면 하는 행동 양식

땀이 계속 났다. 갈증도 심했다. 도착선을 약 20m 지나면 기념 메달과 간식을 나눠주는 부스가 있다. 줄을 서서 기다린 후 기념 메달과 간식, 물을 받았다. 조금 한적한 장소로 이동해서 에너지 음료를 벌컥 들이마셨다. 물 500ml는 천천히 마셨다. 종아리가 약간 붓고 팽팽한 느낌이었다. 땀이 마를 때쯤 보컬 팀이 나와 노래를 부르기 시작했다.

달리기를 마치면 보통 간식을 먹고 기념사진을 찍는다. 주최 측에서 준비한 포토 존이나 무대를 배경으로 사진을 찍곤 한다. 달리기 대회에는 여러 부스가 있다. 간식과 기념품을 나눠주는 부스뿐 아니라 응급처치 부스, 음료나 제품을 홍보하는 회사 부스도 있다. 줄 서서 기다렸다가 룰렛을 돌리며 상품을 받기도 한다. 함께 참가한 사람과 서로 달리기 때 있었던 이야기를 나누며 쉬기도 한다. 어떤 달리기 대회나 마라톤 행사에서는 미니 콘서트도 연다. 유명 가수들이 나와 공연을 하며 뒤풀이를 하는 것이다. 이렇듯 달리기 대회마다 분위기는 조금씩 다르다. 위인을 기념하는 달리기 대회는 엄숙하게 진행하기도 한다. 달리기 대회마다 개성이 달라서 그런지 대회를 즐기는 기분도 색다르다. 러너들이 여러 대회에 고루 참가해보는 이유다.

완주 기념 메달을 목에 걸고 사진을 몇 장 찍었다. 달리기 후 치르는 의식인 셈이다. 이때 메달을 이로 물면 안 된다. 치아가 상한다. 예전에 덜컥 메달을 물었다가 이가 아파서 다시는 물지 않겠다고 다짐했던 적이 있다. 다른 이들처럼 나도 여의도공원 그늘진 벤치에 앉아 20분 정도 쉬었다. 간식을 먹는 사람도 있었고, 집으로 향하는 사람도 있었다. 달리기 후에는 무엇을 하든 자유이다. 나는 벤치에 앉아서 다리 한쪽을 반대쪽 허벅지에 올린 후 두 손으로 마사지했다. 부어오른 근육은 직접 풀어야 회복이 빠르다. 땀도 식었다. 버스 정류장으로 향했다. 비로소 나의 달리기 대회 일정이 끝난 것이다.

집으로 돌아오는 버스 안에서 다음 대회를 고민했다. 하프 마라톤은 아직 도전하기에 부담스러웠다. 완주는 가능할 것 같았지만, 달리기 후의 후유증이 오래 남을 것 같아 더 훈련한 뒤에 참가하기로 했다. 42.195km 풀마라톤은 아직 무리였다. 준비 없이 도전했다가는 몸이 망가질 것이 뻔했다.

마흔이 되어 다시 달리기를 시작하면서 다짐한 것이 있다. 무리하지 않고 꾸준히 달리자. 장거리 욕심이나 기록 욕심 때문에 부상을 입거나 달리기를 포기하는 일을 피하자는 것이다. 건강을 위해 시작한 달리기였고, 무엇보다 즐기는 러너가 되겠다고 마음먹었다.

집에 돌아왔을 때 몸 상태는 나쁘지 않았다. 평소처럼 달린 덕분에 특별히 힘들지도 않았다. 저녁에 동네 공원을 한 번 더 달릴

까 하는 생각이 잠시 스쳤지만, 초보자의 만용이라는 걸 깨닫고 온전히 휴식을 취했다. 잘 쉬는 것도 건강의 중요한 부분이니까.

다음 날 아침, 종아리와 허벅지가 약간 붓고 근육이 팽팽하게 느껴졌지만 근육통은 없었다. 보통 익숙하지 않거나 과도한 운동을 하면 12~24시간 후 운동 유발성 근육손상(EIMD)으로 인해 지연성 근육통이 나타난다. 이는 등산이나 무거운 무게로 운동할 때 다음 날부터 근육이 쑤시는 현상을 말한다.

지연성 근육통은 보통 관절이 뻣뻣해지고, 부어오르며, 근력이 일시적으로 줄어드는 증상과 함께 24~48시간에 가장 심해졌다가 96시간 이후 자연스럽게 사라진다. 이 과정에서 근육은 더 강해지지만, 나는 꾸준히 달린 덕분인지 이런 근육손상이 나타나지 않았다.

지연성 근육통을 좋아하지 않지만, 오히려 10km 달리기를 마치고 나서 그런 불편함이 없다는 사실이 이상하게 느껴졌다. 몸이 강해지고 회복탄력성이 좋아지면 큰 스트레스도 별다른 후유증 없이 지나가듯, 체력이 좋아진 덕분에 이번 달리기도 잘 마무리된 듯했다.

오랜만에 10km를 완주하고 목표를 달성했다는 뿌듯함이 크게 다가왔다. 이번 경험을 발판 삼아 앞으로도 꾸준히, 그리고 즐겁게 달리기를 이어가고 싶었다.

인간의 100세 달리기

100세까지 살 수 있을까

'100세 시대'를 흔히 외치는 세상이다. 기대수명이 늘면서 더 오래 살게 되었기 때문이다. 2024년 세계보건기구(WHO)가 발표한 전 세계인의 평균 기대수명은 71.4세, 건강수명은 61.9년이다(2022년 기준). 놀라운 것은 매해 평균 기대수명과 건강수명이 증가하다가 2022년에 2012년 평균 기대수명 수준으로 돌아갔다. 코로나-19로 인해 사망자가 많아진 탓이다. 의료와 과학 기술이 괄목할 수준으로 발전했지만, 100세까지 산다는 건 여전히 쉽지 않다.

우리나라는 전 세계적으로도 손꼽히는 장수 국가에 속한다. 우리나라의 기대수명은 82.7년, 건강수명은 65.8년이었다(통계청, 2022년 기준). 기대수명 100세에서 17.3년, 건강수명은 100세에서 34.2년의 차이가 난다. 그렇다. 100세까지 살고 싶다는 바람은 있지만, 건강하게 100세까지 산다는 것은 희망 사항으로 보일 수 있다. 하지만 통계상의 평균 기대수명일 뿐, 90대에도 건강하게 잘 지내는 분도 심심치 않게 보인다. 누군가는 80~90대에도 독립적으로 생활하고, 누군가는 한창때인 40~50대 때에 건강을 잃고, 병상에 누워 있기도 하다. 기대수명과 건강수명을 이야기할 때 평균이라는 허수에 빠지면 안 된다. 수명은 어떻게 건강관리를 하느냐에 따라 개인차가 많이 나기 때문이다.

UN의 2024년 인구 전망에 따르면 '100세 인구'는 전 세계 약 72만 2,000명에 달한다. 100세 인구가 가장 많은 나라는 일본으로 14만 6,000명(1만 명당 12명)으로 집계되었다. 우리나라의 100세 이상 인구는 8,776명(행정안전부, 2024년 4월 기준)으로 나타났다. 여러 통계를 통해 100세 이상 인구가 점점 늘어나고 있음을 확인할 수 있다.

의학과 과학의 발달로 조기 검진을 통해 질병을 예방하고 관리하는 시대가 되었다. 특히 선진국에서는 지역사회를 중심으로 '돌봄 케어 시스템'이 잘 정착되어 장수할 수 있는 여건이 조성되고 있다. 100세 인구가 점점 늘어난다는 점이 이를 증명한다. 하지만 모든 나라에서 100세 인구가 증가하는 건 아니다. UN 보고서에 따르면 일본, 미국, 중국, 인도, 태국 순으로 100세 인구가 많았고, 2054년에는 이 수치가 더욱 늘어날 것으로 예상된다. 건강관리를 잘해서 100세 인구가 늘어난다면 100세까지 달릴 수 있는 확률도 높아진다. 2054년으로 갈수록 100세 달리기 인구가 더 늘어날 수 있다는 뜻이다.

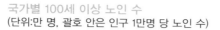

국가별 100세 이상 노인 수
(단위:만 명, 괄호 안은 인구 1만명 당 노인 수)

〈그림13〉 국가별 100세 이상 노인의 수(유엔 2024년 인구 전망)

100세 인구의 증가는 우리가 더 오래 살 뿐만 아니라 건강하게 살아가는 방법에 대해 고민해야 함을 시사한다. 건강관리를 잘한 다면 단순히 오래 사는 것을 넘어, 100세까지 달리는 삶을 실현할 가능성도 높아질 것이다. 이는 개인적인 노력뿐 아니라, 사회적 지원과 환경이 뒷받침될 때 가능하다.

마라톤을 완주한 100세 러너들

주위 사람에게 물어보았다. "인간은 몇 살까지 달릴 수 있을까요?" 하고 말이다. 대다수 사람이 "70대까지는 달릴 수 있지 않을까요?"라고 대답했다. 과연 우리는 100세 이상 살면서 100세까지 달리기를 할 수 있을까? 100세 넘어서까지 42.195km 이상 달릴 수 있을까? 어쩌면 "100세 넘어서 10km라도 달린 사람은 있지 않을까요?" 하고 묻는 편이 좀 더 희망적일 수 있을지 모른다.

그런데 놀랍게도 100세 넘은 나이에 42.195km 풀마라톤을 완주한 사람이 있다. 바로 1911년 출생으로 인도계 영국인인 파우자 싱(Fauja Singh)이다. 그가 처음부터 잘 달렸던 것은 아니다. 오히려 다섯 살까지는 매우 허약했다고 한다. 다리가 가늘고 약해서 제대로 걷지도 못했다. 하지만 달리기를 시작했고, 젊은 시절에는 아마추어 선수로 활동하기도 했다.

한동안 달리기를 중단했던 그는 가족과의 사별을 계기로 89세에 다시 달리기 시작했다. 이후 2000년 런던 마라톤에 출전했고, 93세인 2004년 6시간 54분에 마라톤 결승선을 통과했다. 90세 이상 세계 최고 기록이었다. 이후 90세를 넘어 100세까지 대단한 기록이 이어진다. 100세 나이에 캐나다 토론토 달리기 대회에서 참가했다. 100m, 200m, 400m, 800m, 1,500m, 3,000m, 5,000m 종목에서 세계 신기록을 세웠다. 달릴 때마다 신기록이다. 100세 나이에 단거리, 중거리, 장거리까지 시도한 사람이 없었기에 당연한 기록이었다. 하지만 어찌 보면 당연하지 않은 기록이다.

그는 2011년 10월 16일, 캐나다 토론토 워터프론트 마라톤 대회에서 100세 최초로 42.195km 마라톤을 완주했다. 대단하다는 말밖에 나오지 않는다. 경이롭다. 공식 기록은 8시간 25분 17초였다. 102세인 2013년 2월, 홍콩 마라톤에서 10km 달리기를 완주하며 은퇴했다. 이후로도 8km 달리기를 즐겼다고 한다. 파우자 싱은 인간의 100세 달리기가 가능하다는 것을 증명한 위인이다. 5살까지 잘 걷지 못할 정도였고, 타고난 신체 조건이 아님에도 89세에 다시 달렸다. 그리고 100세 풀마라톤 완주, 102세에 은퇴를 선언했다. 질병이나 신체적 문제가 아닌 자신의 선택에 의해 달리기도 멈추었던 것이다.

한 인터뷰에서 그는 장수와 체력의 비결이 술, 담배를 끊고 채식 위주의 식사를 한 덕분이라고 말했다. 매일 녹색 채소, 생강, 카레를 먹고 차를 즐겼으며, 일찍 잠자리에 들었고, 신앙생활을 했으며, 삶의 매 순간을 긍정적으로 받아들였다고 했다. 그는 단순히 뛰어난 신체 조건으로 100세까지 달린 것이 아니다. 철저한 자기 관리와 더불어 건강한 생활 습관을 실천함으로써 장수와 체력 유지를 가능하게 했던 인물이다.

우리나라에도 100세 마라토너가 존재할까? 100세에 근접하게 도전하는 분이 있다. 2022년, 김종주 마라토너는 95세(1928년생)에 춘천마라톤에서 42.195km를 11시간 24분 49초에 완주했다. 2023년 춘천마라톤에서는 하프마라톤 거리만큼 달렸다.

김종주 선생님은 1978년 51세에 마라톤을 시작했다. 약 45년 동안 마라톤을 하며, 215회 마라톤 대회에 출전하고 완주했다. 알려진 체력 유지 방법으로 매일 10분 스트레칭, 매일 걷기, 계단 오르기가 있다. 또한 아파트 단지 내 운동기구로 근력 운동을 했다고 한다. 김종주 마라토너는 100세까지 42.195km를 완주를 목표로 달리고 있다. 아마도 우리나라 최초의 100세 마라토너가 되지 않을까 싶다. 언젠가 김종주 선생님과 함께 마라톤에 참가하고 싶다.

연령대별 달리기 연구

연령대별 달리기 경기력을 비교한 연구가 있다. 2009년 독일 쾰른(cologne) 스포츠대학의 레이크(D. Leyk) 교수 연구팀은 20~80세 마라톤 완주자의 경기력과 훈련 및 행동 요인을 조사하여 발표했다.[*] 이 연구는 108개의 마라톤 대회 결과와 439,278개의 달리기 데이터를 바탕으로 이루어졌다. 연구 결과, 20~55세 사이의 마라톤 완주 기록을 보았을 때는 연령에 따른 유의미한 차이가 없었다. 이는 정기적인 훈련이 경기력에 결정적인 영향을 미친다는 사실을 보여준다. 특히 중년 및 노년 완주자 중 대다수가 7년 미만의 훈련 이력을 가지고 있었을 뿐인데도 마라톤 완주가 가능했다. 성별에 따른 기록 차이도 거의 나타나지 않았다. 이 연구는 연령이 증가해도 꾸준히 훈련하면 기능적 능력을 유지할 수 있다는 점을 시사한다.

· Leyk D, Erley O, Gorges W, Ridder D, Rüther T, Wunderlich M, Sievert A, Essfeld D, Piekarski C, Erren T. Performance, training and lifestyle parameters of marathon runners aged 20-80 years: results of the PACE-study. Int J Sports Med. 2009 May;30(5):360-5.

같은 연구팀의 또 다른 연구에 따르면 마라톤 및 하프마라톤의 성별과 연령과의 변화 연구에서는 평균 완주 시간이 20~49세 연령대가 비슷했다고 보고한다.[*] 이 연구에서 50~69세 사이의 연령에 따른 경기력 감소는 10년당 2.6~4.4% 범위에 불과했다. 즉 연령보다는 생활방식이 경기력에 더 큰 영향을 미친다는 점을 보여주는 것이다. 꾸준한 신체활동을 통해 나이가 들더라도 신체적 가소성을 유지하면 얼마든지 운동 능력을 보존할 수 있다.

고령층, 특히 80~90대 러너에 대한 연구는 제한적이지만, 몇몇 사례 연구는 주목할 만하다. 2019년 스위스 취리히 대학의 너클틀(Beat Knechtle) 교수 연구팀은 95세 남성 러너의 울트라마라톤 경기력과 생리적 반응을 분석했다.[**] 이 95세의 남성 러너는 12시간 동안 52.987km을 달렸으며, U자형 패턴을 보였다. 경기 후 회복 기간에 적혈구, 헤모글로빈 및 적혈구 용적률은 증가했고, 혈소판 및 백혈구는 감소하는 등 혈액 및 생화학적 수치 변화가 있었지만, 5일 안에 모두 정상으로 회복되었다.

95세에도 울트라마라톤이 가능하다면, 70~80대에서의 달리기는 충분히 실현 가능하다. 물론 이를 위해서는 다음과 같은 조건을 충족해야 한다. 우선 영양소를 골고루 섭취하고 건강을 유지

[*] Leyk D, Erley O, Ridder D, Leurs M, Rüther T, Wunderlich M, Sievert A, Baum K, Essfeld D. Age-related changes in marathon and half-marathon performances. Int J Sports Med. 2007 Jun;28(6):513-7.

[**] Knechtle B, Jastrzebski Z, Rosemann T, Nikolaidis PT. Pacing During and Physiological Response After a 12-Hour Ultra-Marathon in a 95-Year-Old Male Runner. Front Physiol. 2019 Jan 4;9:1875.

하도록 균형 잡힌 식습관을 실천하자. 수면을 충분히 취하여 신체 회복과 에너지 보충에 힘쓰자. 또한 일상에서 꾸준히 움직이는 습관을 들여 신체활동을 활발하게 유지한다. 만일 아무런 신체활동 없이 움직임을 제한한다면 나이가 들수록 일상생활조차 힘들어질 것이다. 노화는 모든 것을 결정짓는 요인이 아니다. 중요한 것은 얼마나 이른 시기에 건강의 중요성을 깨닫고 적극적으로 행동하느냐이다.

나이는 때론 숫자에 불과하다. 꾸준한 훈련과 건강한 생활 습관이 뒷받침된다면, 연령에 상관없이 달리기와 같은 신체활동을 즐길 수 있다. 고령의 러너들이 증명하듯, 노년에도 달리기는 충분히 가능하며, 나이와 한계를 뛰어넘는 도전을 이어갈 수 있다.

중년 러너, 어떻게 달려야 할까

중년 이후 달리기에 대한 우려의 시선도 많다. 직장과 가정의 책임으로 쉴 시간조차 부족한 상황에서 달리기를 시작한다는 건 쉽지 않아 보인다. 특히 '마라톤'이라는 단어는 종종 높은 진입 장벽으로 인식되어 거부감을 불러일으키기도 한다. 하지만 마라톤이 아닌 가벼운 조깅부터 시작한다면 이야기는 다르다. 동네 공원에서 부담 없이 가벼운 달리기를 목표로 삼아보는 건 누구에게나 가능하다.

너무 원대한 목표는 도전 의지를 꺾을 수 있으므로 실현 가능한 작은 목표를 세우고 하나씩 꾸준히 이루어가며 달리기의 재미를 느끼고, 이후 거리를 조금씩 늘려나가는 것이 더 효과적이다. 나 또한 10km 달리기 대회에 참가하거나 3~7km 정도의 거리에서 달리기를 즐긴다. 물론 아직 하프마라톤과 42.195km 풀마라톤에 도전할 준비는 되어 있지 않다. 아직은 마라톤 완주자가 되고 싶은 마음도 없다. 그저 체력 향상을 위해, 건강하게 오래 달리기 위해 뛰고 싶을 뿐이다. 하루 5km를 일주일에 3~5번 달리다 보면 40대를 지나 50대, 60대, 70대를 지나 90세까지 뛸 수 있지 않을까? 100세까지 달리는 것은 바라지 않지만, 사는 동안 뛰면서 독립적인 생활을 하고 싶다. 병원에 누워 기대수명을 연장하기보다 되도록 활동적으로 살고 싶어서다.

달리기는 건강에 좋지만, 지나치게 무리하게 하면 위험할 수 있다. 2024년 삼성서울병원 박경민 교수와 성신여대 김영주 교수 연구팀은 장거리 달리기가 중년 러너에게 미칠 수 있는 부정적인 영향을 분석했다. 운동 유발성 고혈압으로 인한 심장 이상 반응의 발생 기전을 고찰한 연구였다.[*] 운동 유발성 고혈압(운동 중 수축기 혈압이 남성은 210㎜Hg, 여성은 190㎜Hg 이상)은 35세 이상에서 심장 돌연사의 원인이 될 수 있다.

이 연구에서는 운동과 고혈압의 관계에 대한 24개의 선행 연구를 통해 분석했다. 즉 중년(40~60세)의 러너가 마라톤과 같은 장

---

[*] Kim YJ, Park KM. Possible Mechanisms for Adverse Cardiac Events Caused by Exercise-Induced Hypertension in Long-Distance Middle-Aged Runners: A Review. J Clin Med. 2024 Apr 10;13(8):2184.

거리 활동에서 문제가 될 수 있는지 알아본 연구였다. 연구 결과, 장기간에 걸쳐 무리한 운동을 하면 내피 기능이 저하되고 동맥 경화가 증가한다. 결과적으로 운동 후 부하가 증가하고 운동 중 혈압이 과도하게 상승하게 된다. 따라서 운동 유발성 고혈압은 다른 연령대의 주자보다 중년 장거리 주자에게서 유병율이 56% 로 더 많이 발생한다고 볼 수 있다. 정리하면, 준비가 되지 않거나 무리한 42.195km 마라톤처럼 강도 높은 운동은 오히려 중년의 건강을 위험에 빠뜨릴 수 있다는 것이다.

40세가 넘으면 예전처럼 짜릿한 재미를 느끼기 위해 하는 고강도 운동은 위험할 수 있다. 그러므로 개인의 신체 능력을 객관적으로 잘 살펴서 운동 계획을 세우는 게 좋다. 체력이 바닥인데 어느 날 갑자기 마라톤을 하겠다며 20km 이상 뛰면 탈이 나지 않겠는가? 어떠한 형태의 운동이든 하루 만에 이루어지는 것은 없다. 운동은 계획적이고, 구조적이고, 과학적이어야 한다. 꾸준히 하면서 단계적으로 운동 수준을 올려 나가야 안전하다. 운동 시 돌연사는 극히 드물지만, 누구에게도 일어날 수 있다. 만에 하나 그 주인공이 내가 된다면 얼마나 황망할 것인가. 하지만 평소 심폐 검사 등 건강 검진을 잘하고, 무리하지 않는 운동 습관을 들이면 괜찮다. 때론 전문가의 조언이나 지도하에 한다면 건강이 더 좋아지고 안전한 상황에서 즐길 수 있을 것이다. 그러나 어떤 경우도 내 건강의 주도권은 나 자신에게 있다는 점을 명심하자. 몸의 신호를 잘 읽고 스스로 잘 판단해야 한다는 뜻이다. 102세에 마라톤을 완주한 파우자 싱, 95세에 마라톤을 완주한 우리나라

최고령 김종주 마라토너도 자신만의 속도를 강조했다. 남들과 비교하지 않고, 자신의 페이스에 맞춰 꾸준히 훈련하는 것이 장수와 건강의 비결이다.

달리기 초보자가 처음부터 잘 달릴 수는 없다. 한 걸음 한 걸음 나아가면서 점차 거리와 속도를 늘려가는 것이 중요하다. 이 과정에서 나만의 속도와 철학을 정립하는 것이 진정한 달리기를 즐기는 방법이다. 오늘은 3km, 다음은 5km를 달리는 식으로 자신의 상태에 맞춰 조절하자. 소크라테스의 조언처럼 '나 자신을 아는' 자기 객관화는 건강한 운동 습관을 만드는 데 가장 중요한 태도다.

달리기를 다시 시작한 후, 나는 달리기 일지를 기록하는 것 외에 기록과 특이 사항을 SNS에 올리고 있다. 머릿속으로 기억하기보다 몸 상태와 느낌, 시작과 종료 시각, 평균 속도, 통증 같은 변화를 적어두기 위해서다. 지난 2개월 동안 나는 1km에서 10km까지 거리와 속도를 자유롭게 조절하며 달리기와 친해지는 시간을 가졌다.

요즘 나는 달리기를 하며 내 속도로 달리는 것이 얼마나 중요한 일인지 절감하는 중이다. 친구가 종종 "영감이야?" 하고 놀리지만, 그런 말에 흔들리지 않는다. 만약 다른 사람의 말에 속도나 자세를 바꾼다면, 내 페이스에서 벗어나 오히려 부상을 입을 수 있다. 물론 경기력 향상을 위해 전문가의 조언을 참고하는 건 필요하지만, 자신만의 속도를 아는 것이 가장 중요하다.

공자는 40세를 '불혹'의 나이라고 했다. 사물의 이치를 깨닫고 의혹을 품지 않는다는 뜻이다. 달리기에도 이 원리가 적용된다. 몸이 무리하면 탈이 난다는 것은 당연한 이치다. 남의 말을 따라 무리하게 운동해도 그 결과는 결국 내 몫이다. 반대로, 꾸준히 달리면 건강이 좋아지고 부상의 위험도 줄어든다. 이는 누구나 상식적으로 아는 사실이지만, 실천하지 못하는 경우가 더 많다. 모든 일이 그렇듯, 운동을 할 때도, 달리기를 할 때도 의지를 유지하며 실천하는 것이 관건이다.

달리기의 5단계(제프 겔러웨이)

- 초보자(beginner): 옛 습관을 깨고 새로 시작하는 사람
- 조거(jogger): 운동의 이점을 알고 만족하는 사람
- 경쟁자(competitor): 대회를 목표로 계획하며 달리는 사람
- 선수(athlete): 자신의 최고 기록에 도전하는 사람
- 러너(runner): 달리기로 행복과 삶의 균형을 찾은 사람

제프 겔러웨이의 말대로라면 나는 현재 조거 단계에 가깝다. 대회에서는 가끔 경쟁자의 모습을 보이지만, 달리기를 통해 점차 내 속도와 철학을 확립하며 진정한 러너가 되고 싶다. 내게 달리기는 단순한 운동 그 이상이다. 나만의 페이스를 지키며 삶과 건강의 균형을 찾아가는 여정이니 말이다.

TIP 60~70대에 다시 시작하는 달리기

1. 건강 검진의 중요성

60~70대에 달리기를 다시 시작하려면 정기적인 건강 검진이 필수적이다. 1년에 한 번 건강 검진을 받으면 만성질환이나 근골격계 질환을 미리 파악할 수 있다. 특히 심장질환이나 폐질환이 있는 경우에는 반드시 의사의 조언을 받아야 한다. 몸 상태를 과신하고 무리하게 달렸다가는 큰 건강 문제를 초래할 수 있기 때문이다.

2. 걷기로 시작하기

젊은 초보자와 마찬가지로 60~70대도 걷기를 기반으로 시작해야 한다. 걷기를 통해 체력을 기르고, 하루 60분 이상 무리 없이 걸을 수 있을 때 조깅을 시도하는 것이 좋다. 처음에는 50~100m 정도의 짧은 거리를 천천히 달린다. 짧은 거리를 반복하며 익숙해지면, 점차 거리를 늘려간다. 예를 들어, 한 달간 1km씩 달리고 익숙해지면, 다음 달에는 1.5km로 늘린다.

3. 개인의 체력에 맞춘 접근

60~70대는 개인별 체력 차이가 크기 때문에, 거리와 속도를 개인의 상태에 맞춰 조절해야 한다. 핵심은 무리하지 않는 것이다. 또한, 달릴 때마다 무릎, 발목, 허리와 같은 신체 부위의 상태에 집중해야 한다. 통증이 느껴지면 즉시 멈추고, 특히 근골격계 질환이 있다면 무리하지 말아야 한다.

4. 적절한 시간대와 날씨 선택

달리기 시간대와 날씨도 중요한 요소다. 오전이나 따뜻한 오후에 달리는 것이 이상적이다. 햇빛은 멜라토닌과 비타민 D 합성을 도와 수면과 뼈 건강에도 긍정적인 영향을 준다. 무더운 날씨나 추운 날씨는 피하고, 적당히 따뜻한 기온에서 달리는 것이 안전하다. 땀이 나고 식으면서 체온이 급격히 떨어질 수 있으니 저체온에 노출되지 않도록 주의해야 한다.

5. 천천히, 꾸준히

달리기를 시작할 때는 결과를 서두르기보다 내 몸에 맞는 속도와 거리로 꾸준히 이어가는 것이 중요하다. 작은 목표를 세우고 이를 지속적으로 달성하다 보면, 달리기의 즐거움을 느끼고 건강을 유지할 수 있다.

달리기를 할 때 생각하는 것들

신체 변화에 대한 생각

요즘 나는 비가 오지 않는 날이면 일주일에 네다섯 번 정도 달린다. 보통 10~30분 내외로 가볍게 달리지만, 가끔은 10km를 뛰며 몸의 변화를 확인해보기도 한다.

달릴 때 무슨 생각을 하느냐고 묻는 사람이 많은데, 그 답은 직접 달려보아야만 알 수 있다. 달리는 동안 머릿속에는 수많은 생각이 스쳐 지나간다. 달리기를 할 때 멍해지는 경우는 드물다. 오히려 생각이 꼬리를 물고 이어진다. 무념무상의 상태보다는 유념유상에 가까운 시간이다. 그만큼 달리기는 생각을 정리하기에 좋은 시간이다. 호흡을 가다듬고, 발걸음을 달리기 리듬에 맞춰 뛰다 보면 고민하던 문제들이 자연스럽게 정리된다.

처음 다시 달리기를 시작했을 때는 신체 변화에 집중했다. 오랜만에 하는 달리기가 몸에 스트레스를 주지는 않을까, 혹시 부상을 입지는 않을까 노심초사했다. 건강을 위해 시작한 달리기가 오히려 몸을 해친다면 그만큼 실망스러운 일도 없을 테니까. 실제로 처음 네다섯 번 달리는 동안 무릎, 정강이, 고관절, 허리, 어깨 등 여기저기에 불편한 느낌이 들었다. 어떻게 보면 통증이라 표현할 수도 있지만, 불쾌한 아픔은 아니었다. 오랫동안 앉거나 서 있는 자세에 익숙해진 몸이 달리기를 통해 본래의 균형을 찾아가는 과정이었다.

특히 무릎에 부하가 걸릴 때는 신경이 더 쓰였다. 달리기가 퇴행성관절염 또는 슬개대퇴통증증후군을 유발할 수 있다는 사실을 알고 있었지만, 발생 확률이 높지 않다는 것도 알기에 마음의 동요를 다잡았다. 초반의 불편함은 평소 짧아지고 뻣뻣해진 근육과 관절이 가동범위를 넓혀가는 과정에서 생기는 자연스러운 현상이었다. 뻣뻣한 부위를 스트레칭 하고 충분히 풀어주자 이내 괜찮아졌다.

한 달 정도 달리기를 지속하는 동안 종아리가 퉁퉁 붓는 느낌이 들었다. 지면을 디디고 떼기를 반복하다 보니 평소 약했던 종아리 근육이 수축과 이완을 계속하며 더욱 긴장한 탓이었다. 종아리 근육은 혈액을 순환시키는 펌프 역할을 하므로 달리는 동안 지속적인 수축이 오히려 부종을 유발할 수도 있다. 매일 달리다 보니 종아리가 터질 것처럼 팽팽해지는 느낌도 들었다. 그럴 때는 하루 정도 쉬면서 회복 시간을 갖고, 달리기가 끝난 뒤에는 매번 종아리 스트레칭을 충분히 해주었다. 그렇게 꾸준히 관리하자 어느 순간 종아리 붓기와 팽팽함이 줄어들었고, 더는 신경 쓰이지 않게 되었다.

달리면서는 흉곽의 움직임도 의식하게 되었다. 평소에는 약간 구부정한 자세로 가슴과 배, 갈비뼈의 움직임을 거의 신경 쓰지 않았다. 하지만 들숨 때 흉곽이 부풀고, 날숨 때는 다시 좁아지는 것이 자연스러운 호흡의 과정이었다. 일상에서는 이런 움직임을 세심하게 살필 겨를이 없었지만, 달리기를 하면서는 호흡과 함께 흉곽의 움직임을 더 자주 의식하게 되었다.

주변 관찰과 마음 챙김

신체 변화에 관심을 두면서도 달리는 동안 주변 풍경에도 눈을 돌렸다. 내가 주로 달리는 곳은 보라매공원이다. 공원 초입에는 양옆으로 줄지어 선 나무며 화초들이 있다. 나는 달릴 때마다 그 모습을 살피며 이런저런 생각을 한다. 저 꽃은 무슨 꽃일까, 어제보다 더 자란 것 같네. 저 나무는 유독 큰데 수령이 얼마나 될까? 하는 식으로 자연스럽게 호기심이 인다.

보라매공원 초입, 트랙과 보행로가 갈라지는 지점에는 하트 모양의 화단이 있다. 형형색색의 꽃들이 잘 가꾸어져 지날 때마다 '공원 관리에 정말 신경을 많이 쓰는구나.' 하고 감탄한다. 보행로는 좌우로 나뉘어 있는데, 그날의 기분에 따라 어느 쪽으로 먼저 뛸지 결정하며 동선을 고민한다. 공원 곳곳에는 기념비나 탑이 있고, 풋살장, 배드민턴장, 스케이트장, 클라이밍장 같은 체육 시설도 있다. 인공 연못에서는 연꽃을 보고, 장미꽃 화단에서는 사진을 찍으며 봄을 즐기기도 한다.

이렇듯 달리는 동안 풍경을 감상하고, 지나가는 사람들을 보며 그때마다 다양한 생각을 한다. 트랙에서는 안쪽이 주로 달리기 구간이고 바깥쪽은 걷기 구간이어서, 다른 사람들과 부딪히지 않게 조심해야겠다는 생각도 한다. 달리는 동안 나는 이처럼 주변 환경을 관찰하고, 필요할 때는 주의를 기울이기도 하며, 때로 그저 평범한 생각에 빠지기도 한다.

때때로 달리기를 하며 마음챙김을 실천하기도 한다. 마음챙김 (mindfulness)이란 현재 이 순간을 있는 그대로 알아차린다는 의미이다. 달리는 동안에는 코와 입을 통해 들이마시고 내쉬는 호흡에 집중한다. 호흡이 규칙적이든 불규칙적이든 그저 '아, 지금 호흡이 이렇게 이루어지고 있구나.' 하고 받아들인다. 땀이 흐르면 흐르는 대로 왼쪽에서 눈 옆으로 흐르는지, 볼을 따라 흐르는지, 턱 끝에 땀이 고이다 떨어지는지 온전히 느낀다.

발을 내디딜 때 발바닥이 지면에 닿는 감각, 체중이 상하좌우 어느 쪽으로 실리는지, 무릎을 약간 들어 올려 보폭을 넓힐 때의 느낌도 고스란히 받아들인다. 계단을 내려가며 몸이 흔들리고 무릎에 부하가 실리는 것도 그대로 인정한다. 중요한 것은 각각의 동작에 특별한 의미를 부여하지 않는 것이다.

그렇게 달리면서 마음챙김을 하다 보면 자연스럽게 삶의 방식에 대해 다시 생각하게 된다. 메타인지처럼 분석적으로 성찰하는 것이 아니라 있는 그대로 받아들이며 '내가 지금 이 순간을 살아가고 있구나.' 하고 온전히 감각한다. 삶 속에 내가 있음을 느끼는 순간이다.

마음챙김이 스트레스, 불안, 우울, 만성통증을 완화하는 데 도움이 된다는 연구 결과가 꾸준히 발표되고 있다. 마음챙김은 무엇보다도 평정심을 유지하는 데 큰 도움이 된다. 나 자신에게 온전히 집중하는 시간이기 때문이다. 마음챙김은 반드시 가만히 앉아서 눈을 감고 해야 하는 것이 아니다. 걷거나 달리면서도 충분히 실천할 수 있다.

중년의 삶을 고민하며 달리기

달리면서 그날의 일을 돌이켜보기도 한다. 오늘 했던 일과 앞으로 준비하는 일을 어떻게 해나갈지 곱씹는다. 마흔이 되고 나서는 삶의 방향을 어떻게 이끌어갈지 더욱 고민하게 된다. 지금 하고 있는 일도 좋아하고 만족하지만, 삶의 가치관을 재정립하며 앞으로 어떤 일을 해야 더 즐겁고 의미 있는 삶을 살 수 있을지 궁리한다. 잘하는 일과 잘하고 싶은 일 사이의 균형을 맞추고, 이 둘을 자연스럽게 연결하는 방법에 대해 깊이 생각한다.

마흔이라는 나이는 축구로 따지면 전반전 40분쯤, 사계절로 보면 한여름에서 늦여름으로 가는 시기에 해당한다. 후반전과 가을을 맞이하기 전, 인생에서 가장 많은 시간을 할애하는 일이 무엇이 되어야 할지 스스로에게 진지한 물음을 던져본다. 어떻게 살아갈 것인가.

걷기와 달리기를 하며 떠오르는 생각의 결은 사뭇 다르다. 걷기가 심적으로 여유로운 상태에서 생각을 정리하는 시간이라면, 달리기는 열정적으로 사고하는 시간이다. 심장이 뛰는 활동인 만큼 새로운 일과 해보고 싶은 일들을 떠올리며 가슴이 뜨거워짐을 느낀다. 어떤 사람은 마흔이 되면 새로운 도전을 하기가 힘들다고 말하지만 내 생각은 다르다. 마흔에도 새싹이 돋을 수 있고, 그 이후에 꽃 피울 수도 있다. 사람마다 꽃이 피는 시기는 다르다. 어떤 꽃은 시간을 두고 여러 번 활짝 피어나기도 한다.

살고 싶다는 것은 곧 의미 있게 심장이 뛰는 일을 하고 싶다는 뜻이다. 지금까지 현실적인 이유와 동기 촉발로 살아왔다면, 앞으로는 가슴 뛰는 일을 하면서 사회에 더 도움이 되고 싶다는 생각이 강하다. 달리는 동안 호흡이 점점 가빠지면서 나의 열정도 쿵쿵 뛰기 시작한다. 예전 같으면 새로운 도전에 앞서 충분한 시간을 두고 때를 기다리며 장단점을 꼼꼼히 따져보고 안전한 방안을 찾은 후에야 시도했을 터다. 하지만 달리기를 시작한 이후로 태도가 바뀌었다. 하고 싶은 생각이 들면 일단 시도해본다. 더는 스스로의 도전에 자가 검열을 하지 않는다. 마음이 가는 대로, 해보고 싶은 것은 먼저 실행해본다.

달리면서 가족, 친구, 지인에 대한 생각도 한다. 가정의 일원으로서 어떻게 행동하고 살아가는 것이 바람직할까? 오랜만에 걸려온 친구의 어려운 부탁을 거절했는데 그 친구는 지금 괜찮을까? 동료들과 함께 기획 중인 프로젝트를 어떻게 풀어가야 더 흥미로울까? 우리 가족이 더 윤택하게 살려면 어떤 노력을 보충해야 할까? …이처럼 진지한 고민도 이어진다. 물론 삶이 생각하는 대로 흘러가지는 않지만 나와 가족, 그리고 친구들을 위해 더 도움이 되는 방향으로 최선을 다하는 것은 인간의 숙명이자 또한 의지의 결과일 것이다.

함께 일하는 동료들과 앞으로 어떻게 하면 더 재미있고 의미 있게 일을 해나갈 수 있을지도 늘 고민하는 부분이다. 인생은 혼자 살아갈 수 없다. 주변에는 어떤 경우든 함께하는 사람들이 있기 마련이고, 우리는 그들과 좋은 관계 혹은 적절한 거리를 유지해야 한다. 상생할 수 있는 방향을 찾는 고민은 즐겁기도 하지만, 때로는 어려운 숙제이기도 하다.

달리는 동안, 스쳐 지나가는 사람들 중 지인과 닮은 얼굴을 보면 그들과의 추억이 떠오른다. 머릿속 깊이 남아 있는 장면들이 다시 떠오르면서 희로애락의 감정이 스며든다. 지나고 보면 모든 것이 추억이 된다.

달리기를 더 잘하고 싶다는 생각

달리기를 할 때 달리기만 생각하는 건 아니다. 달리는 사람이라면 누구나 공감할 것이다. 물론 마음 한편에는 '좀 더 잘 달리고 싶다.'는 생각이 자리 잡고 있다. 그렇다고 해서 이런 생각이 반드시 더 먼 거리를 달린다든지 평균 속도를 올려보겠다는 뜻은 아니다. 나의 경우 '달리기를 잘' 한다는 건 매우 단순하다. 꾸준히, 흥미를 잃지 않고 계속 달리는 것이니 말이다.

사람들과 취미생활에 대해 묻고 이야기하다 보면, 한때 미친 듯이 빠졌던 적이 있다는 식으로, 즉 과거형으로 말하는 경우가 많다. 하지만 나는 달리기를 한때 빠져드는 활동이 아니라 몸이 허락하는 한 꾸준히 이어가는 인생 운동으로 삼고 싶다. 요즘 나는 꾸준히 달릴 수 있는 습관을 들이고 이를 실천하는 것이 곧 달리기를 잘하는 길이라고 생각한다. 이런 식으로 계속하다 보니 어느새 자연스럽게 노력하게 되었고, 심지어 공부도 하게 되었다. 앞으로는 달리기 실력도 점점 늘 것이다.

이제는 달리기를 하면서 달리기의 기술적인 부분에 대해서도 계속 신경 쓰며 달린다. 달리면서 착지법, 보폭, 자세 등을 점검하게 된다. 특히 내 달리기 자세가 바른가에 초점을 맞춘다. 달리면서 자세도 한 번씩 생각한다. 왼쪽 동선으로만 달릴 때 일어나는 좌우 체중 비대칭에도 신경 쓴다. 한 번은 10km를 목표로 왼쪽 동선으로 달리다가 6.5km쯤 되었을 때 오른쪽 무릎 바깥쪽에 통증을 느꼈다. 동선을 오른쪽으로 바꾸자 이내 괜찮아졌다. 이런 경험을 통해 트랙, 아스팔트 도로, 흙길 등 다양한 지면에 발이 닿는 느낌과 지면 반발력에 대해서도 생각하게 되었다. 달리는 동안 통증이 느껴지거나 지속적인 불편함이 있다면, 반드시 자세를 살펴봐야 한다.

달리기를 하면서 앞으로의 도전에 대해서도 생각해본다. 지금은 달리고 싶은 만큼 달리지만, 언젠가는 하프마라톤, 풀마라톤,

울트라마라톤에도 도전해보고 싶다. 10km까지 달린 경험이 여러 번 있으니 다음 목표는 자연스럽게 하프마라톤이다. 하프마라톤은 풀마라톤의 절반인 21.0975km를 뛰는 것이다.

가볍게 달리면서 속도를 내보거나 보폭을 조절하면서 점점 더 재미를 붙여간다. '하프마라톤을 달리면 어떤 느낌일까? 10km를 달릴 때도 숨이 턱 끝까지 차는데 10km 이후에는 어떤 일이 벌어질까?' 하고 상상도 해본다. 속도 조절을 잘하면 어느 순간 결승선에 도착해 있을 것 같다가도, 결국 훈련이 필수라는 결론을 내리게 된다. 하지만 나는 하프마라톤이나 풀마라톤을 완주해야만 달리기를 잘하는 것이라고는 생각하지 않는다. 꾸준히 달리면서 그 순간을 즐기는 사람이 진짜 러너.

달리기를 다시 시작한 지 3개월쯤 되자, 이제는 달리지 않으면 오히려 어색하고 이상한 기분이 든다. 퇴근 후나 주말에 시간이 나면 자연스럽게 달리러 나간다. 햇볕이 따가운 날에는 선크림을 바르고, 선글라스를 끼고 달린다. 확실히 더운 날씨의 영향인지, 낮보다는 저녁이나 밤에 달리는 사람이 많다. 무더운 날에는 땀이 비처럼 쏟아진다. 될 수 있으면 그늘진 곳을 찾아 달리고, 땀에 얼굴과 옷이 흠뻑 젖으면 오늘 제대로 운동했다는 뿌듯한 기분이 든다. 하지만 탈수를 막기 위해 물을 충분히 마셔야겠다는 생각도 한다.

달리면서 몸의 변화를 느낀다. 예전보다 의욕이 넘치고 건강해지고 있다는 확신이 든다. 심박수도 점점 느려졌고, 처음보다 달리는 운동 자각도 낮아졌다. 예전에는 5km를 뛰는 것만으로도 힘들었지만, 지금은 훨씬 가볍게 달릴 수 있고, 회복도 빨라졌다.

하루하루 달리다 보면, 건강 저금통에 동전을 하나씩 넣는 기분이다. 어릴 때 돼지저금통에 동전과 지폐를 넣으면서 흐뭇해했던 기억이 떠오른다. 이제는 달리기를 통해 마음의 건강 저금통을 채우고 있다. 아직은 반쯤 차 있지만, 시간이 흐를수록 점점 불어날 것이다. 달리는 만큼 건강 저금통의 이자도 붙고, 체력이 좋아지면서 마음의 여유도 점점 커지지 않을까.

달리는 동안 주변 사람들을 보며 느낀 것이 하나 있다. 달리는 사람들의 연령대가 점점 다양해지고 있다는 점이다. 20~30대뿐만 아니라 40, 50, 60대는 물론, 70대 이상도 꽤 많다. 마라톤 대회에 참가하는 연령층도 매우 다양하다. 한 번은 70대 후반으로 보이는 여성이 안정된 자세로 꾸준히 달리는 모습을 보고 감탄한 적이 있다. 뉴스에서는 80대, 90대에도 달리는 사람들이 있다고 하지만 실제로 공원에서는 그런 사람들을 마주할 경우가 드물다. 특히 대회가 아닌 평범한 일상에서 달리는 고령층은 더욱 드물다. 하지만 그날 본 70대 후반의 여성은, 자신만의 페이스를 유지하며 묵묵히 달리고 있었다.

문득 '나도 저 나이까지 달릴 수 있을까?' 하는 생각이 들었다. 그러고는 그렇게 달릴 수 있도록 지금부터 꾸준히 달려야겠다는 다짐도 했다. 달릴 때는 이처럼 온갖 생각이 스쳐 지나간다. 달리기는 그 자체로도 즐겁지만, 동시에 생각의 장(場)이어서 더욱 즐겁다.

함께 달리기

달리기 모임을 신청하다

평소 공원을 달리다 보면 달리기 동호회가 무리를 이루어 뛰는 모습이 자주 눈에 띈다. 요즘 달리기의 인기가 높아지면서 혼자 달리는 사람뿐만 아니라 단체로 함께 뛰며 배우는 사람들도 늘어나고 있다. 혼자서 달리는 것도 나름의 매력이 있지만, 단체 활동을 통해 지속적인 동기를 부여받고 페이스를 맞추면서 달리는 데도 장점이 많다. 혼자서 달리다 보면 중간에 의지가 약해져 포기하기 쉽고 흥미가 떨어질 수 있지만, 함께 달리면 자연스럽게 습관이 형성되고 꾸준히 운동을 지속할 수 있다.

요즘에는 달리기 동호회를 크루(crew)라는 이름으로 부르면서 SNS를 비롯한 여러 채널을 통해 참여자를 모집하기도 하고 자신의 동호회를 홍보하기도 한다. 크루에는 달리기 숙련자나 선수 출신의 코치가 있어서 준비 운동은 물론 달리기 기술, 달리기 하는 동안 페이스메이커로서의 역할 등등 다양한 도움을 준다. 함께 달리면 서로 끌어주고 밀어주면서 자연스럽게 달리기 습관을 형성할 수 있다. 언젠가는 마라톤을 목표로 동호회 차원의 훈련을 해보는 것도 좋은 경험이 될 것 같다고 생각했다.

달리기 대회에 참가할 때 외에는 단체로 달릴 일이 거의 없었다. 주변에 달리기를 즐기는 지인도 많지 않았고, 함께 모일 시간을 맞추는 것도 쉽지 않았다. 그러던 중 혼자 달리기를 이어가다 보니 문득 여러 사람과 함께 달려보고 싶다는 생각이 들었다. 마침 SNS에서 몸풀기 드릴을 배울 수 있는 달리기 모임이 가까운 여의도공원에서 열린다는 소식을 접하고 신청했다. SNS에 댓글로 신청했는데, 나 말고도 꽤 많은 사람이 신청한 모양이었다. 달리기의 인기를 실감할 수 있었다. 이것은 특정 의류 브랜드에서 정기적으로 진행하는 이벤트 성격의 모임이었다. 신청 후 약 2주 동안 나의 기대감도 증폭되었다.

모임 당일, 집결 시간은 일요일 오전 7시였다. 전날 자정쯤 잠들었는데, 더워서인지 설렘 때문인지 새벽 4시 반쯤 눈이 떠졌다. 평소라면 한창 숙면할 시간이었지만 이날만큼은 달랐다. 아침잠이 많은 편이라 잠을 충분히 자고 느릿하게 움직이는 것이 보통인데, 이날은 자연스럽게 눈이 떠졌다. 눈을 감은 채 잠시 이런저런 생각을 하다가 5시 40분이 되어 샤워를 했다. 씻고 나오니 6시 5분. 빈속으로 달리면 체력이 떨어질 것 같아서 미리 준비해둔 바나나 두 개와 에너지바 한 개를 먹고, 스포츠음료를 두 잔 마셨다.

아침 운동 전 바나나를 선호하는 이유는 부드러워서 소화가 잘 되기 때문이다. 단단하거나 소화하기 어려운 음식은 복부 팽만감과 소화불량을 유발하여 달릴 때 부정적인 영향을 준다. 바나나는 당분과 탄수화물이 풍부한 식품으로 운동선수들이 에너지원으로 즐겨 찾는 간식이다. 포만감을 주고, 비타민C, 비타민B6, 칼륨, 망간, 섬유질 등 다양한 영양소를 함유하고 있다. 특히 칼륨은 나트륨 배출을 도와 혈압을 낮추고, 혈액 순환을 원활하게 하는 데 도움을 준다. 에너지바는 아몬드, 땅콩 등 견과류와 초콜릿이 포함되어 있어 빠른 에너지 공급원으로 적합하다. 스포츠음료는 수분과 전해질을 보충해 탈수를 예방하며, 땀으로 손실된 칼륨, 나트륨, 마그네슘 등 전해질 성분을 빠르게 흡수하도록 도와준다. 전해질 불균형을 방지하고 신체의 항상성을 유지하는 역할을 하므로 달리기 전·중·후에 물보다 스포츠음료를 더 자주 마시게 된다.

7월 중순의 아침은 이미 햇볕이 뜨거웠다. 선크림을 꼼꼼히 바르고 통풍이 잘되는 운동복을 입고 집을 나섰다. 수면을 충분히 취하지 못했는데도 몸은 이상하게 더 가벼웠다. 앞으로 통통 튀어 나가는 느낌이었다. 처음 참가하는 달리기 모임에 대한 기대 때문인지 영양 섭취를 적절하게 해서인지 컨디션이 무척 좋았다. 가볍게 몸을 풀며 버스 정류장으로 이동했다.

보통 달리기 대회나 모임에 참여할 때는 대중교통을 이용한다. 신체활동을 조금이라도 더 하려는 목적도 있지만, 이동하면서 몸을 풀 수 있다는 장점 때문이다. 버스 안에서 손목과 발목을 가볍게 돌리며 몸을 풀었다. 이윽고 여의도공원에 인근 정류장에 도착했고, 나는 버스에서 내리자마자 가볍게 뛰며 모임 장소로 향했다.

첫 만남은 항상 어색하다

집결지는 여의도공원 내 비행기 전시장 앞이었다. 도착 시간은 6시 42분. 천천히 이동했는데 가장 먼저 도착한 사람이 나였다. 결승선을 1등으로 돌파하기는 힘들지만, 시작 전 도착은 1등이었다. 달리기 모임의 관계자로 보이는 유니폼을 입은 두 사람이 스피커를 점검하며 준비하고 있었다. 가볍게 인사를 나눈 후 앞으로의 일정에 대해 물었다. 목이 살짝 말랐지만 이미 스포츠음료와 물을 충분히 마신 터였기에 더는 수분을 섭취하지 않았다. 7시부터 준비 운동이 시작되기에 그전까지 공원을 가볍게 걸으며 몸을 풀었다. 본 달리기 전 가볍게 달리면 몸의 체온과 근육, 관절을 풀 수 있어서 효과적이다.

시간이 흐르면서 참가자들이 하나둘 도착했다. 자주 모여서 달리는 사이인지 반갑게 서로 안부를 물었다. 연령대는 20대부터 50대까지 다양했다. 진행자는 40명이 신청했지만 실제 참석자는 8명이라고 했다. 여름 주말 아침 7시에 달리기를 하려면 강한 의지와 용기가 필요할 터다. 우리는 목, 어깨, 몸통, 고관절, 무릎, 발목 등을 중심으로 가벼운 정적 스트레칭을 시작했다.

스트레칭 후에는 꼭 배워보고 싶었던 '달리기 드릴'이 이어졌다. 달리기 드릴은 달리기의 기본 동작을 익히기 위한 훈련이다. 케냐에서 주로 활용된다고 하여 '케냐 드릴'이라고 불린다. 중장거리 및 마라톤 강국인 케냐의 훈련 방식이 반영된 동작이다. 드릴을 통해 달리기 자세와 움직임을 익힐 수 있는데, 평소 일상생활로 고착된 체형으로 달리면 늘 쓰던 근육과 관절만 사용하게 된다는 단점이 있다. 만약 몸의 비대칭이 심하다면 달릴수록 무리가 오면서 부상을 당하기 쉽다. 달리기 드릴은 달리기와 관련된 동작으로 몸을 풀면서 대칭적인 움직임과 다양한 동작을 연습하여 부상을 방지하고 효율적인 러닝 폼을 익히는 데 적잖은 도움을 준다.

우선 네 가지 기본 드릴을 배웠다. 첫 번째는 양 무릎을 번갈아 골반 높이까지 들어 올리는 동작이었다. 두 번째는 무릎을 골반 높이까지 들어 올렸다가 앞으로 차는 동작이었다. 세 번째는 무릎을 골반 높이까지 올렸다가 그다음 옆으로 벌리면서 들어 올리는 동작이다. 네 번째는 일명 다이아몬드 스텝이라 부르는 것으로 8방향으로 무릎을 구부렸다 펴면서 몸을 회전하는 동작이었다. 기본 네 가지 드릴을 연속으로 응용해서 몸을 풀었는데, 모인 사람 중에는 익숙하게 하는 사람도 있고, 나처럼 처음 참가한 경우엔 방향을 헤매거나 다른 동작으로 구현하는 등 헷갈리는 사람도 있었다. 처음에는 드릴을 한 가지씩 배운 다음 이를 응용하여 연속으로 실시했다. 고관절과 무릎을 충분히 풀 수 있는 동작이었고, 앞으로 달리기 적합한 몸을 만드는 데 초점을 맞춘 운동이었다.

10분간 드릴을 진행하자 이마와 등에 땀이 맺히기 시작했다. 몸은 충분히 데워졌다. 이제 본격적으로 달릴 준비를 마친 셈이다. 7시 20분, 출발 전에 기념사진을 찍었다. 비행기 전시장 앞에 단체로 서서 파이팅을 외쳤다. C자 모양의 손동작을 하거나 모인 사람의 손을 모아 사진을 찍기도 했다. 함께 모여서 무엇인가를 했다는 기록을 SNS에 올려 단체의 결속력을 다져보자는 일종의 세리머니였다. 처음 참가한 모임이었지만 왠지 소속감이 들면서 동지애마저 느껴졌다. 다른 이들과 함께 달리는 즐거움이 느껴지는 순간이었다.

무리 지어 한강공원 6킬로미터 달리기

이제 시속 10km 속도로 6km 달리기를 시작한다는 설명을 들었다. 1km당 6분에 해당하는 속도였다. 단골 회원이 페이스메이커 역할을 맡아 선두에 섰고, 8명이 2열 종대로 정렬했다. 진행자는 달리기 무리를 옆에서 지도하며 사진 촬영도 하겠다고 했다. 코스는 여의도공원을 빠져나가 여의도한강공원을 거쳐 당산 방향으로 갔다가 돌아오는 루트였다. 형형색색의 의상을 갖춘 무리가 드디어 달리기 시작했다.

보통 달리기 의상은 화려한 색상이 선호된다. 눈에 잘 띄어 충돌을 방지할 수 있고, 단체로 달릴 때 같은 모임임을 인지하기 쉬운 시각적 효과도 있기 때문이다. 오랫동안 함께 달려온 이들은 달리면서 대화를 나누었는데, 자연스레 화제는 달리기와 관련된 이야기로 흘러갔다. 지난번에는 왜 안 나왔는지부터 달리기 모임의 활동 등등 소재도 다양했다. 나는 가장 끝 열에 서서 묵묵히 달렸다.

공원을 벗어나 한강공원으로 들어서기 전, 작은 턱이 나타났다. 이것을 가로질러야 한다. 앞사람이 손을 양옆으로 벌리며 주의를 주었다. 이는 일종의 달리기 수화였다. 지면이 꺼져 있거나 튀어나온 경우처럼 고르지 않은 곳에서는 한 손으로 바닥을 가리키며 "조심!"이라고 외쳐주었다.

주말 이른 아침임에도 불구하고 꽤 많은 사람이 달리기를 하고 있었다. 우리 그룹 외에도 다른 팀들이 곳곳에서 무리 지어 달렸고, 서로 "파이팅!"을 외치며 격려했다. 특히 60대 이상으로 이루어진 마라톤 동호회로 보이는 분들이 눈에 띄었다. 외견상 60대 중반에서 80대 초반으로 구성된 것 같았는데, 30여 명의 분들이 자신의 속도에 맞춰 달리고 있었다. 매우 인상적이었다. 나는 평소 '달리기를 잘한다는 것은 꾸준히 달리며 건강을 유지하는 것'이라고 생각하고 있었는데 그분들이야말로 이를 실천하고 계신 게 아닌가. 그중 70대 후반으로 보이는 분이 우리 무리에게 파이팅을 외치며 여유롭게 달려 나갔다. 대부분의 스포츠가 그렇듯, 달리기에도 서로를 배려하고 예의를 지키며 응원하는 분위기가 자연스럽게 깃들어 있다.

좁은 도로에 이르러서는 1열 종대로 바꾸며 서로 공간을 확보

했다. 도로의 왼쪽 오른쪽으로 이동하며 안전사고를 예방하는 것이다. 단체 달리기의 기본 원칙은 일정한 속도를 유지하는 것이다. 기록을 내기 위한 달리기가 아니므로 체력이 좋아도 최대한 탈이 나지 않게 페이스메이커가 속도 조절을 해주는 대로 따른다. 점점 햇볕이 강해지고 지열이 올라오면서 땀이 흘러내렸다. 눈꺼풀을 따라, 속눈썹을 따라, 주르륵 땀이 떨어졌다. 연신 손으로 눈을 닦았다. 우는 게 아니라 땀이다. 한강공원 도로에는 그늘이 없어서 햇볕을 쬐며 달리는 동안 비타민D를 합성하기에는 좋지만, 역시 땀이 많이 났다. 그러나 스포츠음료와 물을 마셔둔 덕에 갈증은 나지 않았다(급수대가 없어서 목이 많이 마르면 낭패를 볼 게 뻔했다).

달리기 속도에 맞춰 발을 내디딜 때 '왼발, 왼발'을 속으로 되뇌며 리듬을 맞췄다. 다른 사람의 보폭과 발 디딤을 살펴보며 신경을 썼다. 군대의 구보처럼 통일된 움직임을 요구하는 것은 아니지만, 괜스레 신경이 쓰였다.

주변에는 각기 다른 방식으로 달리기를 즐기는 사람들이 많았다. 이야기를 나누며 뛰는 사람, 시계로 기록을 체크하는 사람, 풍경을 감상하며 달리는 사람…. 달리는 도로 옆으로 멀리 국회 의사당이 보였다. 그 길을 따라 달리다가 짧은 터널의 그늘 속에서 순간의 시원함을 만끽했다. 찰나의 행복이었다! 그리고는 바로 내리막길을 달렸다. 느린 속도로 뛰고 있었기에 숨이 가쁘거나 힘들지는 않았다. 여유 있게 달리기 좋은 속도였다.

3km 지점을 지나면서 다시 여의도 한강공원 방향으로 되돌아

가기 시작했다. 이번에는 페이스메이커의 바로 뒤에서 달렸다. 그는 구호를 외치며 달리기를 독려했고, 다른 참가자들도 "파이팅!"을 연호하며 서로 응원했다. 반대편에서는 또 다른 달리기 팀들이 쉴 새 없이 지나가고 있었다. 생각보다 주말 아침에 달리는 사람이 많았다. 서로 눈이 마주치면 가볍게 손짓하며 인사하고, 파이팅을 외치며 격려하는 모습이 인상적이었다. 달리기 언어에 대해 알아가는 순간이었다. 돌아오는 길은 익숙한 길을 한 번 더 달리는 터라 조금 더 편안했다.

속도는 일정하게 유지되었다. 더 빨라지거나 느려지지 않았다. 페이스메이커가 시간을 수시로 확인하며 조절했기에 다들 무리 없이 달릴 수 있었다. 모임 진행자는 연신 카메라로 달리는 모습을 촬영했다. 내 쪽을 찍을 때마다 나는 최대한 온화한 미소를 지으려고 했다. 이왕이면 힘들어서 찡그린 얼굴보다 웃는 표정이 그래도 낫지 않은가. 여러 장의 사진 중 한 장이라도 잘 나왔으면 좋겠다고 생각하며 달렸다. 이제 몸은 완전히 이완되었다.

이번에는 몸에 무리가 오는 느낌이 전혀 없었다. 5km를 지나도 부담이 없었다. 무릎에 부하가 걸리거나 특정 부위가 불편하지도 않았다. 새로운 달리기 드릴을 배우고 몸을 충분히 풀어서인지 가벼운 느낌이었다. 마침내 여의도공원에 들어섰다. 1km당 6분 정도의 속도로 달렸기에 36분 전후로 결승선을 통과할 것이다. 페이스메이커가 "각자의 속도로 달리세요."라고 말했다. 마지막 800m 구간이었다. 몇몇 러너들은 속도를 높이며 앞서 나갔다. 평소 마라톤을 즐긴다던 50대 남성도 앞으로 치고 나갔다. 역시 오랫동안 달리기를 해온 사람은 체력이 남는 모양이다. 나는 내 페이스를 유지했다. 속도를 약간 올렸을 뿐 전력 질주는 하지 않았다. 전력 질주를 하고 나면 달리기가 끝난 후 엄청난 피로가 몰려오겠구나, 하는 생각도 있었지만, 무엇보다 발이 잽싸게 떨어지지 않았다. 무리해서 전력 질주를 하기보다 나에게 맞는 속도로 끝까지 완주했다. 6km를 완주한 후 참가자들은 모두 천천히 걸으면서 몸을 식히고, 달리기를 마무리했다.

체계적인 달리기 모임 프로그램

다시 처음 집결지로 모였다. 정리 운동을 할 차례였다. 운동 프로그램의 순서는 철저히 지켜졌다. 혼자라면 어쩌면 대충 건너뛸 수도 있었겠지만, 함께하는 달리기였기에 나도 체계를 따랐다. 참가자들은 크게 원을 그리며 서서 진행자의 안내에 따라 정적 스트레칭을 했다. 이렇게 정리 운동-본 운동(달리기)-정리 운동 순으로 마무리되었다.

하지만 여기서 끝이 아니었다. 다시 기념 촬영이 있었다. 단체의 현수막을 들고 처음 기념사진을 찍었던 것처럼 파이팅을 외치고 다양한 포즈로 사진을 남겼다. 달리기를 한 후 가볍게 아침식사를 함께하는 것이 이 모임의 의례라고 했다. 나는 아쉽게도 다음 일정이 있어서 먼저 인사하고 자리를 떠났지만, 다음번에는 아침식사까지 함께해보고 싶다고 생각했다.

주말 아침에 달리기를 한 건 정말 오랜만이었다. 평소에도 오전에 달릴 때가 있었지만, 보통은 10시에서 12시 사이였다. 아침을 먹고 충분히 소화한 후 달리고, 다시 점심을 먹는 루틴에 익숙했다. 그런데 달리기 대회도 아닌데 오전 7시에 여러 사람과 모여 함께 달리니 전혀 새로운 느낌이었다. 단체가 주는 소속감과 유대감을 느끼며 달리는 동안 안정감도 만끽했다. 좋아하는 취미를 공유하는 사람들과 운동하며 서로 안부를 나누는 것도 나쁘지 않겠다는 생각이 들었다.

어쩌면 혼자 달리기보다 함께 달리는 것이 장기적으로 꾸준한 습관을 유지하는 데 더 유리할지도 모른다. 어떤 날은 정말 달리기 싫을 때가 있다. 하지만 동호회 동료들의 격려와 채근 덕분에 한 번이라도 더 달릴 수 있다. 스포츠나 취미 활동 모임에서 가장 중요한 점은 분위기이다. 강압적이지 않으면서도 부담 없이 편안하게 함께할 수 있는 환경과 느낌. 그 안에서 내가 재미를 느끼고, 건강을 지키는 데 도움을 받으며, 가끔 공통의 관심사를 나눌 수 친구를 얻는다면 더할 나위 없을 것이다.

여의도공원을 벗어나 버스를 기다렸다. 햇살이 더 뜨거워졌다. 그늘을 찾아 앉아 10분 정도 버스를 기다렸다. 달리기를 멈춘 후 오히려 땀이 더 났고, 얼굴은 붉게 달아올랐다. '선크림을 충분히 발랐으니 검게 그을리진 않겠지?'라는 생각과 함께 집에 가면 수분을 많이 섭취해야겠다고 다짐했다. 버스를 타니 에어컨이 나왔지만 체온이 너무 오른 탓인지 별로 시원하게 느껴지지 않았다.

달리기를 마치고 집에 왔는데 오전 9시가 채 되지 않았다. 새벽이나 이른 아침에 일어나 달리고 나면 하루가 길게 느껴진다. 아침 일찍 일어나 열심히 달리고 왔는데도 아직 오전 9시라니! 시간을 더 길게 쓸 수 있겠다는 생각이 들었다. 이런저런 생각을 하며 스포츠음료 한 잔과 물 한 잔을 마셨다. 물을 마시니 기분이 한결 상쾌해졌다. 종종 다른 사람들과 함께 달리는 행사에 참여 해야겠다고 생각했다. 이번 모임은 의류 브랜드가 주최한 달리기 행사 중 하나였는데, 직접 참가했던 경험 덕분인지 나중에 그 브 랜드 상품을 볼 때도 왠지 친근하게 느껴졌다.

요즘 달리기를 즐기는 사람들이 점점 늘어나고 있다. 건강한 삶을 살고 싶고, 가슴 뛰는 삶을 원하는 사람들이 많아졌기 때문 일 것이다. 연령대가 다른 달리기 동호회에 소속되어 달리면 또 다른 느낌일 거라는 생각도 들었다. 40대가 주축인 달리기 모임 과 60대 이상이 주축인 달리기 모임은 화제며 분위기가 또 다를 것이다. 특히 70대, 80대 이상의 분들과 함께 달리게 된다면, 꾸 준히 달리기를 지속하는 비결에 대한 조언도 들을 수 있지 않을 까? 이론과 실전은 다르다. 아무리 이론을 많이 배워서 알고 있 다고 해도 실제 달리기에서는 예측하지 못한 변수가 많다. 그래 서 실전을 통해 경험을 쌓으며, 배운 이론을 계속 적용하고 연마 해야 한다.

앞으로 함께 달릴 수 있는 모임을 더 찾아봐야겠다. 지속적으 로, 또 정기적으로 달리기 모임에 참여하기는 어렵지만, 이벤트 성 달리기 모임에는 종종 참가하고 싶다. 혼자 달릴 때와는 다른 여러 장점 때문이다. 보다 체계적인 프로그램을 경험할 수 있고,

공통의 취미를 가진 사람들을 만나 대화하는 재미도 쏠쏠하니 말이다. 오늘 배운 달리기 드릴을 앞으로 혼자 달릴 때도 준비 운동으로 활용해야겠다. 배운 것은 계속 실천해야 몸에 익는다. 다양한 드릴을 배우고 실천하면서 부상을 예방하고, 경기력을 향상시키는 방법을 터득하고 싶다.

　달리기를 잘하고 싶은 마음이 들면, 더 공부하고 더 자주 달려야 한다. 머리로만 이해하는 것이 아니라, 직접 부딪히고 노력하면서 익혀야 한다. 그렇게 달리기를 갈고닦는 과정은 결국 다른 일상에서도 좋은 습관으로 이어질 것이다.

TIP 달리기 모임

혼자서 달리는 것도 좋지만, 함께 달리면 지속가능성을 높여주고 다른 러너들과의 소통이 원활하기에 한층 매력적이다. 그래서 나는 '물리치료사와 함께 달리기(run with a physio)'라는 이름으로 물리치료사와 시민들이 함께 달리는 모임을 시작했다. 지역사회에 공헌하는 물리치료사의 존재를 알리고, 가족, 친구, 지인과 함께 달리며 건강을 증진하자는 데 목적이 있다. 물리치료사가 달리기 전·후로 컨디셔닝과 달리기에 대한 체력, 부상 관리를 알려주기에 호응이 높은 편이다. 현재 한 달에 1회씩 여의도공원, 올림픽공원, 광교호수공원, 인천 송도 등 달리기 좋은 장소를 옮기며 전국 달리기 명소를 즐기고 있다.

(https://www.instagram.com/runwithaphysio)

운동에도 휴식이 필요하다

매일 달리기는 피하자

하루 업무를 마치면 집에 와서 또 일을 했다. 그러다 보니 번아웃 직전까지 갔다. 휴식 시간을 늘렸지만, 몸은 회복되지 않았다. 생동감 없는 날들이 이어졌다.

먼저 걷기를 했다. 이후 달리기를 시작했다. 달리기를 하면서 체력이 점점 올라오는 것이 느껴졌지만, '무리하지 말고 달리자.'는 원칙을 지키며 조절하니 순조롭게 체력이 붙었다. 달리기를 마친 후에도 힘들다기보다 몸이 가뿐하고 개운한 느낌이 더 컸다. 이제는 평일 저녁이나 주말 오전에 달리는 게 일상이 되었다.

하지만 문제가 있었다. 무엇이든 하나에 꽂히면 어느 순간부터 지나치게 집중하는 데서 오는 문제였다. 달리기도 마찬가지였다. 처음에는 3일 달리고 2일 쉬거나, 2일 달리다 힘들면 하루 쉬는 방식으로 균형을 맞추었다. 그러나 몸이 가벼워지고 기분이 좋아지면서 점점 휴식을 건너뛰기 시작했다. 결국 일주일에 6일을 달리는 무리한 일정이 반복되었다. 비가 와서 뛰지 못하는 날만이 유일한 휴식일이었다. 나도 모르는 사이 다시 내 몸을 혹사시키고 있었던 것이다.

일도 그렇지만 운동에도 쉬는 시간이 있어야 한다. 피곤해서 쉬는 게 아니라 더 나은 경기력을 위해서라도 휴식은 필수적이다. 달리기는 일정한 부하를 몸에 가하기에 우리 신체는 이때 역학적 스트레스에 적응하는 과정에서 체력이 향상되는 것이다. 하지만 과도한 역학적 스트레스와 피로는 부상과 질병을 초래하기도 한다. 따라서 신체 스트레스를 줄이고, 몸이 회복할 시간이 충분히 주어져야 한다. 적절한 회복이 훈련만큼이나 중요하다는 뜻이다.

과훈련증후군(overtraining syndrome)은 과도한 운동으로 인해 신체적, 정신적 부담이 쌓여 경기력이 저하되는 현상을 이른다. 그 징후로는 만성피로, 운동 후 심박수 상승, 혈액 내 젖산 축적, 잦은 감기, 목 통증, 운동 수행 능력 저하, 심리적 상실감 등이 있다. 이러한 상태에 이르면 운동을 하지 않는 것만 못한 상황이 벌어진다. 과훈련을 경계해야 하는 배경이다.

풀마라톤 대회를 준비하는 선수들은 대회 며칠 전부터는 훈련량을 줄인다. 적절한 휴식을 취하고 대회 당일 최상의 경기력을 위해 컨디션 조절을 하는 것이다. 이러한 컨디션 조절 방법을 테이퍼링(tapering)이라고 한다. 테이퍼링은 근육 내 에너지원으로 쓰이는 당원(글리코겐) 합성을 극대화하고, 훈련 중 발생한 근육

손상을 회복할 시간을 제공한다. 연구에 따르면, 장거리 달리기 선수들은 3일에서 3주까지 훈련 부하를 60%까지 감소시켜도 경기력에 영향이 없었다고 한다.[*][**]

일반인이 달리기를 며칠 쉬었다고 해서 체력과 경기력이 현저하게 감소하는 것은 아니다. 피로하거나 몸이 심하게 무거운 날에는 오히려 운동량을 조절하고 휴식을 충분히 취해야 한다. 풀마라톤을 준비하는 일반인의 경우는 최소 6개월 이상의 훈련 기간을 거쳐야 하며, 대회를 앞둔 시점에서는 훈련량을 점진적으로 줄이면서 컨디션을 조절해야 한다. 휴식을 취하는 것도 경기력 향상을 위한 전략적인 과정이다.

그렇다면 일반인은 경기력 향상을 위해 일주일에 몇 번 달리는 것이 좋을까? 일주일에 최소 3일은 달려야 한다. 일주일에 하루 이틀 달리는 것은 운동 효과 면에서 부족하다. 그래프로 표현하면 달리기 후 3일째부터 운동 효과가 극적으로 증가하며, 4일 이상부터는 완만한 증가세를 보인다. 하지만 일주일에 6일 또는 7일 전부를 뛴다면 오히려 부상이나 근육 피로가 더해져 경기력이 저하될 수 있다. 따라서 일주일에 4~5일이 이상적이다.

나의 경우에도 초기에 3일 달리고 하루 쉬고, 다시 2일 달린 후 하루 쉬고 할 때 컨디션이 가장 좋았다. 반면 매일 달렸을 때는

[*] Gibala MJ, MacDougall JD, Sale DG. The effects of tapering on strength performance in trained athletes. Int J Sports Med. 1994 Nov;15(8):492-7.

[**] Houmard JA, Costill DL, Mitchell JB, Park SH, Hickner RC, Roemmich JN. Reduced training maintains performance in distance runners. Int J Sports Med. 1990 Feb;11(1):46-52.

허벅지와 종아리가 무거워졌고 피로가 쌓였다. 결국 다시 휴식을 취하자 몸이 훨씬 가뿐해졌다. 달리기에는 꾸준함도 중요하지만, 그만큼 적절한 휴식과 균형 잡힌 훈련이 필수적이다. 과하게 욕심내지 않고, 신체의 신호에 귀 기울이며 지속 가능한 운동 습관을 만들어가자.

달리기 후 효과적인 회복 방법

심한 운동 후 24~48시간이 지나면 발생하는 지연성 근육통(delayed-onset muscle soreness, DOMS)은 운동 유발성 근육 손상의 대표적인 증상이다. 지연성 근육통은 격렬한 근육 수축이나 신장성 수축(근육 길이가 늘어나면서 힘을 생성하는 수축) 후에 흔히 발생한다. 운동을 하는 사람들 사이에서는 흔히 "근육통이 있어야 제대로 운동한 것"이라는 말들을 하지만 이런 상태가 바람직한 것은 아니다. 달리기 또한 처음부터 고강도로 하면 지연성 근육통이 생길 수 있다.

전자 현미경으로 지연성 근육통이 발생한 부위를 관찰하면 근육과 연결조직에서 손상이 발견된다. 근섬유의 구조적 손상은 세포막 손상으로 이어지며, 근소포체에서 칼슘이 누출되고 단백질 분해효소가 작용하여 세포 내 단백질이 분해된다. 이러한 손상 과정은 염증 반응을 유발하며, 결과적으로 부종과 통증을 초래한다. 이로 인해 관절 가동범위가 제한되고, 일시적인 근력 감소가 나타나며, 그 결과 경기력에 영향을 미치게 된다. 그러나 일반적인 지연성 근육통은 보통 일주일 이내에 회복된다.

　지연성 근육통을 줄이거나 예방하는 가장 효과적인 방법은 반복적 운동 효과(repeated bout effect)를 활용하는 것이다. 동일한 운동을 반복적으로 수행하면 근육 손상과 지연성 근육통의 정도가 점차 감소하는 경향이 있다. 이는 근육이 적응하는 과정으로, 꾸준한 운동을 통해 근육 손상을 최소화할 수 있다. 다만 반복적인 운동 효과를 극대화하려면 충분한 휴식이 병행되어야 한다. 따라서 적절한 휴식과 점진적인 적응을 통한 반복 운동이 중요하다.

　달리기 후에 어떻게 휴식을 취하는지에 따라 회복 속도와 효과가 달라진다. 단거리 고강도 운동의 경우에는 수동적 회복이 더 효과적이다. 가만히 쉬면서 근육이 충분히 휴식을 취할 때 크레아틴 인산(PCr) 재합성을 위한 산소 이용 비율이 더 높아지기 때문이다. 반면, 장시간 운동 후에는 능동적 회복이 대사물질인 젖산 감소에 더 효과적이다. 근육 내 젖산이 축적되면 운동 수행 능력이 저하되므로 장거리 달리기 후에는 가볍게 뛰거나 걷는 방식으로 능동적 회복을 도모하는 것이 좋다. 연구에 따르면 젖산 역치(젖산 농도가 급격하게 증가하는 지점, lactate threshold)의 80% 강도로 뛰었을 때 혈중 젖산 농도가 눈에 띄게 감소했다고 한다.

　달리기 후 근육을 푸는 마사지를 하면 회복에 도움을 줄 수 있다. 마사지는 근육을 부드럽게 해서 역학적 회복을 돕고 혈류량을 증가시켜 물질대사를 원활하게 한다. 또한 통증을 줄이고 심리적인 안정감을 제공하는 효과도 있다. 마라톤 대회 후 선수들이 마사지를 받으며 회복하는 모습을 종종 볼 수 있는데, 프로 운동선수들 역시 정기적인 마사지와 스트레칭을 통해 경기력을 유지한다. 예전에 유럽 축구 리그에서 뛰던 선수의 재활을 도운 적이 있는데, 그 역시 마사지를 받고 싶어 1시간 동안 대기한 적도 있다고 말했다. 메이저리그 선수들도 경기 전 마사지와 스트레칭을 통해 컨디션을 조절하는 것이 일반적이다.

프로 스포츠팀에는 팀 내 치료사 또는 트레이너가 선수들에게 마사지, 스트레칭, 운동을 통한 회복을 지원하며, 프로 골프 선수들 중에는 개인 치료사나 트레이너와 함께 투어를 하면서 마사지와 운동 등을 통해 지속적인 컨디션 관리를 받는 이도 있다. 경기 전이나 경기 후에 근육을 풀어 컨디션 조절을 돕는 것이다. 연구에 따르면, 운동 후 2시간 이내에 마사지를 받으면 지연성 근육통이 감소하고, 근육 회복에 긍정적인 영향을 미친다고 한다. 결과적으로, 운동 후 손상을 예방하고 효과적으로 회복하려면 꾸준한 운동을 통한 적응, 충분한 휴식, 적절한 회복(능동적 또는 수동적 회복), 그리고 마사지 등의 회복 기법을 적절히 병행하는 것이 중요하다.

일상 속 휴식과 회복하는 방법

적절한 수면은 운동으로 지친 몸을 회복하는 데 효과적인 방법이다. 달리기 전날 뒤척거리며 잠을 제대로 못 잤다면 몸이 무겁고 피로할 수밖에 없다. 수면이 충분히 이루어지지 않으면 평소 가볍게 달리던 거리도 힘겹게 느껴질 수 있다. 수면 부족은 면역 과 내분비계 기능을 저하시킬 뿐 아니라 염증 반응과 신진대사에 도 부정적인 영향을 미친다.

실제로 나 역시도 달리기 대회 전날 긴장감 때문에 쉽게 잠들 지 못한 적이 있었다. 그러면 다음 날 아침, 약간 피곤한 상태로 일어나 준비해야 한다. 중요한 것은 수면 시간이 충분해야 한다 는 것뿐 아니라 수면의 질 또한 높아야 한다는 것이다. 푹 자고 개운하게 일어나야 경기력도 좋아진다.

좋은 수면 위생을 위해서는 환경, 영양, 그리고 생활 습관에 신 경 써야 한다. 우선, 침실 환경이 중요하다. 실내 온도는 19~21도 가 적당하며, 어둡고 조용한 공간이 숙면에 도움이 된다. 베개는 너무 높거나 낮지 않아야 하고, 침대 역시 편안해야 한다. 또한, 잠들기 전 TV 시청이나 스마트폰 사용은 피하는 것이 좋다. 전자 기기에서 나오는 블루라이트가 수면 호르몬인 멜라토닌의 분비 를 억제해 숙면을 방해할 수 있기 때문이다. 카페인이 함유된 커 피는 오후 2~3시 이후에는 가급적 삼가는 것이 바람직하다. 카페 인의 각성 효과로 인해 깊이 잠들기 어려울 수 있기 때문이다. 늦 은 밤 야식을 먹는 것도 수면의 질을 떨어뜨릴 수 있으므로 주의 해야 한다. 수면 리듬을 일정하게 유지하는 것도 중요하다. 매일 같은 시간에 잠자리에 들고 기상하면 생체 리듬이 안정되어 숙면 에 도움이 된다. 반면, 밤중에 시계를 확인하는 습관은 불필요한 잡념을 유발해 수면을 방해할 수 있다. 마지막으로, 잠들기 전 심

호흡이나 명상을 통해 몸과 마음을 이완시키면 더욱 편안하게 숙면할 수 있다. 작은 습관의 변화만으로도 수면의 질이 크게 향상될 수 있으니 꾸준히 실천해보자.

휴식 또한 수면 못지않게 중요한 요소다. 유럽에서는 한 달간 휴가를 떠나는 것이 일반적이지만, 우리나라에서는 현실적으로 어렵다. 장기 휴가를 떠나려면 휴직하거나 퇴사해야 하는 경우가 더 많다. 또 어떤 사람은 업무 부담 외에도 근면 성실한 태도가 몸에 배어 휴식을 취하는 것 자체를 어색하게 느끼기도 한다. 실제로 지인 중 한 명은 휴가를 가라고 했더니, 무엇을 해야 할지 몰라 결국 계속 일을 했다고 한다.

그러나 휴식도 습관이다. 50분 동안 집중해서 일한 뒤 10분씩 짧은 휴식을 취하는 방법을 시도해보자. 일과를 마친 후 저녁에는 가벼운 운동이나 취미 활동을 하며 몸과 마음을 쉬게 하는 것도 좋다. 주말에는 밀린 잠을 보충하고, 교외로 나가 맑은 공기를 마시며 건강한 음식을 섭취하는 것도 재충전에 도움이 된다. 숲을 걷고 햇볕을 쬐는 것만으로도 기분이 전환될 수 있다. 한 달에 한 번이라도 짧은 여행을 다녀오면 새로운 활력을 얻고 다시 일상을 이어가는 데 긍정적인 영향을 미칠 것이다.

수면과 휴식은 단순한 쉼이 아니라, 몸과 마음을 회복하는 과정이다. 적절한 수면과 균형 잡힌 휴식이 습관화된다면, 우리는 더 건강하고 활력 넘치는 삶을 살 수 있을 것이다.

달리기와 휴식

사람마다 달리는 이유는 다르다. 어떤 이는 건강을 위해 달리고, 어떤 이는 재미와 커뮤니티 활동의 일환으로 달린다. 나 역시 처음에는 건강을 위해 달리기 시작했지만, 이제는 달리는 시간이 오히려 휴식의 순간이라고 느낄 때가 많다. 달릴 때 비로소 편안해지고, 몸과 마음이 정리되기 때문이다.

달리면서 나는 하루 동안 쌓인 생각을 정리하고, 때로는 스스로를 돌아보는 시간을 갖는다. 어떤 날은 주변 풍경에 집중하고, 어떤 날은 달리는 내 몸의 움직임에만 집중한다. 이 순간만큼은 오로지 나에게 집중할 수 있는 시간이다. 인간에게는 누구에게도 방해받지 않는 자신만의 공간과 시간이 필요하다. 달리기는 나에게 그런 공간과 시간을 제공해준다.

휴식의 사전적 의미는 '하던 일을 멈추고 잠시 쉬는 것'이다. 하지만 단순히 멈춰 있는다고 해서 반드시 쉰다고 느끼는 것은 아니다. 가만히 있어도 머릿속이 복잡할 때가 있고, 오히려 몸을 움직이는 것이 더 깊은 휴식이 될 때도 있다. 나는 달리는 순간이 가장 편안하다. 그렇다면 이 순간도 휴식이 아닐까?

넓은 의미에서 휴식은 단순한 정지 상태가 아니라, 심신을 쉬게 하는 모든 행위를 포함한다. 명상이 꼭 앉아서 눈을 감고 하는 것이 아니라, 걸으면서 또는 달리면서도 가능하듯이, 휴식도 형태에 따라 다양할 수 있다. 영어에서 '휴식'을 뜻하는 단어는 break, rest, relax 등이 있다. break는 짧게 쉬는 것을 의미하고,

rest는 업무를 마친 후 편안히 쉬는 개념에 가깝다. 반면 relax는 긴장을 풀고 편안해지는 상태를 의미한다. 나는 달리기를 할 때 relax 된다고 느낀다.

물론 매번 달릴 때마다 완전히 이완되는 것은 아니다. 하지만 달린 후에는 몸이 편안해지고, 적당한 피로가 몰려와 숙면을 취하기 좋은 상태가 된다. 그래서 달리기를 한 날에는 더 깊이 잘 수 있다. 결국, 휴식이란 가만히 있는 것이 아니라, 나를 가장 편안하게 만드는 순간을 찾는 것이 아닐까? 나에게는 그 순간이 바로 달릴 때이다.

달리기 환경이 건강에 미치는 영향

비 오는 날의 달리기

　장마철이 찾아왔다. 전국적으로 장대비가 쏟아지고, 공기는 습하고 후덥지근하다. 이런 날씨에는 야외 달리기를 쉬는 것이 일반적이다. 비가 오면 달리지 못해 아쉽지만, 언제나 날씨가 좋을 수는 없는 법. 눈이나 비가 와서 달리기 어려운 날은 집에서 스트레칭과 가벼운 근력 운동을 통해 체력을 유지하는 것도 좋은 방법이다.

　몇 번쯤, 비 오는 날 달리기를 시도한 적이 있다. 하루는 저녁부터 비가 온다는 일기예보를 봤지만, 흐리기만 하고 비가 내리지 않아 밖으로 나섰다. 집 근처 트랙을 따라 가볍게 달리기 시작했는데, 예상보다 날씨가 선선하고 습도도 적당해 달리기에 좋았다. 한참 트랙을 달리고 있는데 하늘이 점점 어두워졌다. 먹구름이 짙어지면서 비가 부슬부슬 내리기 시작했다. 그때까지만 해도

'이 정도면 달릴 만하다.'는 생각이 들어 계속 뛰었다. 약 5분 정도 지났을까? 빗방울이 굵어졌다. 시야는 흐려졌고, 머리카락과 팔, 다리가 젖기 시작했다. 옷도 금세 축축해졌다. 건강을 위해 달리는 것인데, 젖은 채로 계속 뛰다 저체온증이 오거나 감기에 걸릴까 봐 은근히 걱정되었다. 결국, 달리기를 멈추고 가까운 건물로 뛰어들어 비를 피했다. 그렇게 한참 비를 바라보며, 손을 뻗어 빗방울의 세기를 가늠해보면서 시간을 보냈다.

또 다른 날의 기억이다. 부슬부슬 내리는 빗속에서 달리고 싶은 마음이 강하게 일었다. 가벼운 이슬비 정도라면 괜찮겠지 싶어 밖으로 나갔다. 집 근처 도로를 따라 비를 맞으며 달렸다. 예상보다 호흡이 조금 힘들었지만 그럭저럭 뛸 만했다. 그래도 비 오는 날에는 무리하지 않기로 마음먹었기에 오래 달리지 않고 집으로 돌아왔다.

그런데 집에 오자 몸에 한기가 돌았다. 혹시 감기가 오려나 싶어 걱정되었다. 이제는 몸을 챙길 나이가 된 걸까? 예전에는 비 맞으며 운동하는 것이 대수롭지 않았는데, 지금은 괜히 감기에 걸릴까 조심스럽다. 비 오는 날의 달리기는 색다른 경험이지만, 무리하지 않는 것이 중요하다. 몸이 보내는 신호를 잘 살피고, 날씨에 맞춰 운동 방식을 조절하는 것도 건강을 위한 지혜일 것이다.

운동과 면역력의 관계

운동과 면역의 관계를 연구하는 운동 면역학(exercise immunology) 분야가 약진하고 있다. 2019년 미국 애팔래치아 주립대학교의 데이비드 니먼(David Nieman) 교수 연구팀은 1900년 이후 발표된 운동과 면역 관련 연구를 종합 분석한 논문을 발표했다. 연구팀은 이 중 운동 강도와 상기도 감염(감기) 확률 간의 관계를 J형 곡선(J-shaped curve)으로 설명했다(〈그림14〉 참고).*

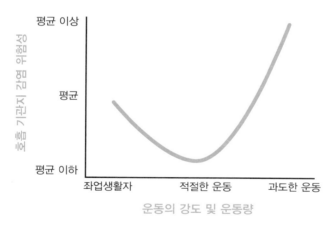

〈그림14〉 운동 강도와 상기도 감염률 관계

이 연구에 따르면 신체활동이 부족한 좌업 생활(sedentary behavior)의 경우보다 정기적인 중강도 운동을 하면 감기에 걸릴

---

* Nieman DC, Wentz LM. The compelling link between physical activity and the body's defense system. J Sport Health Sci. 2019 May;8(3):201-217.

확률이 낮아진다. 즉 중강도 운동이 면역력을 강화하는 효과가 있다는 뜻이다. 반면, 고강도 운동을 과도하게 하면 오히려 감기에 걸릴 확률이 증가한다. 실제로 풀마라톤이나 울트라마라톤 후 감기에 걸리는 경우가 많았으며, 운동선수들도 고강도 훈련 후에 감기 증상을 경험하는 경우가 흔했다. 이는 고강도 운동이 경기력과 체력 향상에는 긍정적인 영향을 주지만, 단기적으로 면역 체계를 약화시킬 수 있음을 의미한다.

상기도 감염(감기)은 남녀노소 누구에게나 영향을 미칠 수 있다. 하지만 정기적인 중강도 운동은 특히 면역력이 저하되기 쉬운 고령층에게 더욱 유익하다. 연구에 따르면, 20~40분 정도의 중강도 유산소 운동이 면역력을 향상하는 데 효과적이다. 중강도 유산소 운동을 하면 항체 혈중 수치가 증가하고, 자연살해세포(natural killer cell, NK cell) 및 호중구(neutrophil) 등의 면역 세포 활성도 높아진다. 즉 달리기를 할 때 20~40분 정도 중강도 페이스를 유지하면 면역 기능을 향상하는 데 도움이 된다는 뜻이다. 운동이 단순한 체력 향상을 넘어, 면역 체계를 강화하는 중요한 역할을 한다는 점에서 꾸준한 중강도 운동 습관을 갖는 것이 바람직하다.

반대로, 고강도 장거리 달리기나 마라톤 후에는 면역 기능(B세포, T세포, 자연살해세포)이 저하될 수 있다. 마라톤을 뛰고 난 후 B세포, T세포, 자연살해세포와 같은 면역 세포의 기능이 일시적으로 감소하므로 회복을 위한 적절한 휴식이 반드시 필요하다. 특히 90분 이상 달리기를 하면 신체는 시간이 지남에 따라 면역 억제 효과가 점점 강해진다.

2007년, 데이비드 니먼(David Nieman) 교수는 마라톤 훈련과 면역 기능의 관계를 연구한 논문을 발표했다.[*] 이 연구에 따르면 3시간 이상 지속되는 장거리 달리기는 '열린 창(open window)'이라 불리는 상태를 유발하는데, 이는 면역 기능이 억제되어 상기도 감염 위험이 증가하는 구간을 의미한다(〈그림15〉 참고). '열린 창' 이론에 따르면 고강도 장거리 운동 후 면역 저하 상태는 3시간에서 최대 72시간까지 지속될 수 있다. 마치 창문을 열어놓으면 모기가 들어와 물릴 위험이 커지는 것처럼, 이 기간에 면역력이 취약해져 바이러스나 세균 감염 위험이 증가한다.

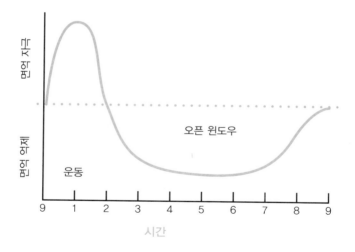

〈그림15〉 열린 창(open window) 이론

Nieman DC. Marathon training and immune function. Sports Med. 2007;37(4-5):412-5.

이러한 현상은 스트레스 호르몬인 코티솔(cortisol)과 밀접한 관련이 있다. 장거리 고강도 운동 후 코티솔 수치가 급격히 상승하면, 자연살해세포의 기능이 감소하고, T세포 및 B세포의 활성이 저하된다. 따라서, 장시간 고강도 달리기 후에는 면역 기능 회복을 위해 충분한 휴식을 취하고, 영양을 적절히 보충하는 것이 중요하다. 적절한 운동 강도를 유지하면서도, 운동 후 회복 단계를 충분히 고려하는 것이 면역력을 유지하는 핵심 전략이 될 수 있다.

마라톤 선수들은 많은 사람과 함께 달리는 사이 병원균에 노출될 확률이 높고, 경기 중 정신적 스트레스도 받기 마련이다. 게다가 장시간 달리기를 하는 동안 면역 기능이 저하될 위험도 크다. 이런 상황에서 면역 기능 감소를 막는 가장 효과적인 방법 중 하나가 탄수화물 음료를 섭취하는 것이다. 연구에 따르면, 마라톤 중 탄수화물 음료를 섭취하면 혈중 사이토카인(cytokine)과 스트레스 호르몬의 증가를 억제하는 효과가 있다. 그러나 자연살해세포 및 T세포 기능 억제, 타액 IgA(면역글로불린 A) 분비 감소 등의 면역 기능 저하를 완전히 막지는 못한다. 즉, 장거리 달리기의 면역 효과는 개인의 훈련 방식, 체력, 영양 상태에 따라 크게 달라진다. 적절한 영양 보충과 회복 전략이 중요하다는 의미다.

그렇다면 우리가 감기에 걸렸을 때는 달리기를 멈춰야 할까? 꼭 그렇지는 않다. 감기 증상이 있는 경우, 목 위 증상과 목 아래 증상에 따라 운동 가능 여부를 판단하는 것이 중요하다.

- **목 위 증상:** 콧물, 코막힘 등의 증상이 있을 때 가벼운 운동을 하는 것은 몸에 무리를 주지 않는다. 하지만 장시간 달리거나 고강도 운동은 피하는 것이 좋다.
- **목 아래 증상:** 기침, 복통, 발열, 근육통, 심한 피로감이 동반된다면 운동을 쉬는 것이 바람직하다.

운동선수들은 감기에 걸려도 훈련을 지속해야 하는 경우가 많지만, 일반인은 충분히 쉬고 몸을 회복한 후 다시 운동을 재개하는 것이 좋다. 결국, 면역 기능을 유지하면서 건강하게 달리기 위해서는 자신의 몸 상태를 세심하게 관찰하고, 운동 강도를 조절하는 것이 핵심이다.

날씨와 달리기

날씨는 달리기 경기력에 직접적인 영향을 미친다. 더위와 추위는 모두 스트레스 호르몬인 코티솔 분비를 증가시키며, 이는 신체에 부담을 줄 수 있다. 특히, 더위보다 추위가 코티솔 상승효과를 더 크게 한다.

더위가 미치는 영향과 열 손상 예방

더위에 노출되면 체온 조절이 어려워지고 땀 배출로 인해 탈수 증상이 발생할 수 있다. 심한 경우 열 손상(heat-related illness)

이 발생하는데, 대표적인 증상은 다음과 같다.

1. 운동 유발성 근육 경련(Exercise-induced muscle cramps)

- 근육이 갑자기 쥐가 난 듯 경직되는 현상
- 해결책: 수분을 보충하고 휴식을 취한다. 수동적 스트레칭을 하고, 마사지를 충분히 받는다.

2. 열 실신(Heat syncope)

- 탈수 및 저혈압으로 인한 어지럼증 발생
- 심한 경우 갑자기 쓰러질 수 있음
- 해결책: 수분을 섭취하고, 가급적 그늘에서 휴식을 취한다. 다리를 심장보다 높게 올린다.

3. 열 탈진(Heat exhaustion)

- 극심한 피로, 졸도, 혼미한 상태
- 해결책: 빠르게 수분을 보충해주고, 서늘한 곳에서 휴식을 취한다.

4. 열사병(Heat stroke)

- 어지러움, 구토, 두통, 무기력감 등의 전조 증상
- 심하면 환각 상태, 의식 소실 가능
- 해결책: 30분 이내에 체온을 빠르게 낮추고 즉시 병원으로 가 의학적 치료를 받는다.

선수든 일반인이든 극한 더위에는 열 손상을 초래할 수 있다. 평소 체력이 좋은 경우 열 손상에 강하다고 생각하기 쉽지만 누구든 열 손상에 대한 예방 관리가 필요하다.

열 손상 예방 요령

- 충분한 수분 섭취: 운동 전후로 나누어 마시기
- 기능성 옷 착용: 땀이 잘 배출되는 통기성 좋은 옷 선택
- 고온 시간대 피하기: 한여름 정오나 오후에는 달리기 자제
- 무리하지 않기: 몸 상태를 살피며 달리기

간혹 청바지를 입고 뛰거나 옷을 겹겹이 입고 뛰는 사람이 있는데, 날씨가 덥지 않다면 몰라도 한여름에는 위험하다. 한여름 정오나 뜨거운 오후에는 가만히 있어도 땀이 주르륵 흐르기 마련이라 이럴 때 달리기를 한다는 것은 무모한 도전이다.

추위가 미치는 영향과 저체온증 예방

기온이 10°C 이하로 떨어지면 체온 저하(hypothermia)가 발생할 가능성이 높아진다. 신체가 만들어내는 열보다 손실되는 열이 많아지면 저체온증에 빠질 위험이 있다.

저체온증 유의 사항

- 추운 날씨에 신체가 노출되면 말초 혈관이 수축하고 몸이 떨리는 증상이 나타난다.

- 체온이 급격히 떨어지면 심장질환이 있는 사람은 새벽이나 한겨울에 달리는 것을 피해야 한다.
- 심한 경우 운동실조(ataxia), 무의식 상태, 사망까지 이를 수 있다.

특히 물에 빠졌을 때 저체온증 위험이 증가한다. 차가운 물에 오래 있으면 생존율이 낮아지고, 수온이 따뜻할 경우엔 그나마 생존율이 높아진다. 추운 날 달릴 때 흔히 옷을 겹겹이 입거나 두꺼운 방한복을 착용하는데, 방한용 옷은 단열 효과는 있지만 땀에 젖으면 오히려 단열 효과가 감소한다. 젖은 옷은 체온을 빠르게 빼앗아 가기 때문에 땀을 많이 흘리거나 비를 맞은 경우 저체온증 위험이 커진다. 특히, 수증기압 차이로 인해 찬 바람이 불면 체온이 급격히 떨어지므로 각별히 조심해야 한다.

가벼운 저체온증일 경우 젖은 옷을 즉시 벗거나 갈아입어야 한다. 따뜻한 담요를 덮고, 젖은 머리와 몸을 말리고, 따뜻한 환경에서 체온을 올려야 한다. 심각한 저체온증에 노출되었을 때는 응급조치를 하거나 병원에 가서 치료받아야 한다. 저체온증이 심해지면 심폐소생술(CPR)이 필요한지 확인하고, 반드시 응급구조 요청을 해야 한다. 이때도 역시 젖은 의복을 탈의하고, 체온을 따뜻하게 유지하기 위해 노력해야 한다.

날씨 변화에 따른 현명한 달리기 전략

날씨가 덥거나 추울 때는 무조건 참으며 훈련하는 것이 능사가 아니다. 더위와 추위 속에서 신체가 받는 부담을 이해하고, 적절한 예방 및 대응 방법을 실천하는 것이 중요하다.

1. 더운 날

- 수분 보충을 철저히 하고, 한낮 달리기는 피하기
- 기능성 옷을 착용해 땀 배출이 원활하게 하기
- 몸 상태를 체크하며 무리하지 않기

2. 추운 날

- 땀에 젖지 않도록 의류 선택에 신경 쓰기
- 보온성을 유지하면서도 통기성이 좋은 옷 착용
- 저체온증 징후가 보이면 즉시 대처하기

무리하지 않는 것이 가장 중요한 원칙이다. 날씨를 고려한 안전한 달리기로 건강한 러닝 습관을 만들어보자.

자연을 거스르지 않는 지혜

미세먼지와 달리기

날씨뿐만 아니라 이제는 미세먼지까지 달리기에 영향을 미치는 요소가 되었다. 아침에 창밖을 보면 하늘이 뿌옇고 답답한 날이 많다. 이런 날이면 우선 핸드폰으로 미세먼지 농도를 검색하는 것이 습관이 되었다.

미세먼지 농도가 높은 날에는 달리기를 쉬는 것이 현명하다. 마스크를 착용하고 달릴 수도 있지만, 호흡이 부담스러워 운동 효과가 떨어진다. 오히려 비가 부슬부슬 내리는 날이 더 달리기 좋은 날이 아닐까 하는 생각도 든다.

미세먼지는 이제 누구나 아는 건강 위협 요인이다. 코와 입을 거쳐 폐로 들어간 미세먼지는 혈관을 따라 이동하며 인체에 해를 끼친다. 알레르기성 결막염, 각막염, 비염, 기관지염, 폐기종, 천식, 폐포 손상 등 다양한 질환을 유발한다. 2013년 세계보건기구(WHO) 산하 국제암연구소(IARC)는 미세먼지를 1군(Group 1) 발암물질로 지정했다.

과거에는 봄철 황사만 조심하면 된다고 생각했지만, 이제는 사계절 내내 미세먼지가 문제다. 미세먼지 농도가 높은 날에 달리기를 하면 호흡량이 증가하면서 유해 물질을 더 많이 흡입할 위험이 크다. 공기 중 미세먼지 흡입량은 '농도 × 노출 시간 × 환기량'으로 계산하는데, 미세먼지가 많은 시간대에 운동을 오래 할수록 폐와 심장에 부담이 커진다.

따라서 교통량이 많은 오전 7시에서 10시, 오후 4시에서 7시 사이에는 되도록 달리기를 피하는 것이 좋다. 또한 흡연 구역이나 오염된 환경에서 운동하는 것도 피해야 한다. 미세먼지가 많은 날 억지로 달리는 것은 오히려 건강을 해치는 결과를 낳는다. 그래서 하늘이 맑고 깨끗한 날이 이어지면 기분이 좋고, 대도시를 벗어나 숲이 우거진 곳에서 달릴 때면 공기의 차이를 단번에 느끼게 되나 보다.

우리는 언젠가 공기를 사 마시게 될까?

어린 시절, 대부분의 사람들은 수돗물을 그냥 마시거나 끓여 마셨다. 그런데 어느 날 한 친구가 플라스틱 생수를 마시는 걸 보고 의아해했다. 당시 우리는 "깨끗한 물이 나오는데 왜 돈을 주고 사서 마시지?"라고 이야기했다.

그러나 지금은 생수를 사 마시는 것이 자연스러운 일이 되었다. 거의 모든 사람이 정수기 물을 마시거나, 편의점에서 생수를 구입한다. 물을 사 마시는 것이 당연해진 것처럼, 언젠가 공기도 돈을 주고 사 마시는 시대가 오지 않을까?

이미 병원에서는 일산화탄소 중독 치료나 운동선수들의 경기력 향상을 위해 고압산소탱크를 사용한다. 지금은 산소캔이나 산소마스크를 구입하는 사람이 적지만, 환경 오염과 기후 변화가 지속된다면, 공기 역시 상품이 되는 날이 올지도 모른다.

아래 영화와 소설들은 미래 사회에서 깨끗한 공기가 희소 자원이 되어 특정 계층만이 쉽게 얻을 수 있는 상황을 보여준다. 현실에서도 미세먼지와 환경 오염 문제가 심각해지면서, 이런 설정이 점점 더 현실적으로 느껴지는 추세다.

1. 토탈 리콜(Total Recall, 1990 & 2012)
배경: 화성에서는 산소가 부족하여 사람들이 산소를 구입하거나 공급받아야 한다. 부유한 사람들은 깨끗한 산소를 쉽게 얻을 수 있지만, 가난한 사람들은 오염된 환경에서 고통받는다.
관련 장면: 영화 속 악당인 코하겐은 산소 공급을 통제하며 권력을 유지하려 한다. 반란군은 자유롭게 산소를 공급받을 수 있는 환경을 만들기 위해 싸운다.

2. 스페이스볼(Spaceballs, 1987)
배경: 미래 사회에서 공기가 오염되어 산소를 캔에 담아 판매하는 시대.
관련 장면: 주인공들이 '퍼리 에어(Perri-Air)'라는 캔에 든 산소를 사서 마시는 장면이 등장한다. 영화는 이를 환경 오염과 자본주의의 풍자로 활용한다.

3. 로보캅(RoboCop, 2014)
배경: 2028년의 디스토피아적 미래에서 부자들은 깨끗한 공기를 쉽게 구할 수 있지만, 가난한 사람들은 오염된 공기를 마셔야 한다.

관련 장면: 공기 정화 시스템이 특정 계층에게만 제공되며, 일부 사람들은 산소를 돈 주고 사 마셔야 한다.

4. 더 로드(The Road, 2006, 코맥 매카시 소설 & 2009 영화)
배경: 핵전쟁으로 인해 환경이 황폐화되고, 공기가 오염된 세계.
관련 장면: 주인공 부자는 생존을 위해 오염되지 않은 공기와 물을 찾으며 여행을 한다. 사람들이 깨끗한 공기를 구하기 어려운 장면이 여러 번 나온다.

5. 엘리시움(Elysium, 2013)
배경: 지구는 환경 파괴로 인해 오염된 공기와 물로 뒤덮여 있고, 부유층은 깨끗한 환경이 조성된 우주 정거장 '엘리시움'에서 거주하며 살아간다.
관련 장면: 가난한 사람들은 오염된 공기를 마시며 살지만, 부유층은 첨단 기술을 이용해 깨끗한 산소와 물을 누린다.

6. 세븐시스(Seveneves, 2015, 닐 스티븐슨 소설)
배경: 달이 폭발한 이후 인류는 우주로 이주해야 하고, 생존을 위해 인공 환경에서 산소를 조달해야 한다.
관련 장면: 지구가 생명체가 살 수 없는 환경이 되어, 남은 인류가 산소를 포함한 자원을 제한적으로 공급받으며 살아간다.

7. 옥사이드 룸 117(Oxygen, 2021, 넷플릭스 영화)
배경: 주인공이 밀폐된 공간에서 깨어나면서, 산소가 점점 줄어드는 극한 상황에 처한다.
관련 장면: 생존을 위해 산소 공급을 조절하며, 산소가 생명 유지의 핵심 요소로 작용한다.

자연과 함께하는 달리기

달리기를 하기에 완벽한 날만 기다릴 수는 없다. 상쾌한 기온, 적당한 습도, 살랑이는 바람이 부는 날이 어디 흔한가 말이다. 이처럼 매일 달리기 좋은 환경이 주어지는 것은 아니므로, 날씨와 공기 상태를 살펴가며 현명하게 운동하는 것이 중요하다.

현명한 달리기

- 좋은 날씨에는 달리기를 즐기고, 나쁜 환경에서는 쉬는 것이 지혜다.
- 자연을 거스르면 해를 입는다.
- 자연과 조화를 이루는 삶이 건강한 달리기를 만드는 길이다.

때로는 '오늘 달려야 할까?' 하고 고민하는 순간이 오기 마련이다. 궂은 날씨에 억지로 달리기를 강행하는 것이 맞을까? 아니다. 나아갈 때를 알고 나아가고, 물러날 때를 아는 것이 신체와 마음을 지키는 길이다.

운동을 통해 건강을 지키려다 오히려 해를 입어서는 안 된다. 자연을 존중하며 살아가는 것, 그리고 그 흐름에 맞춰 몸을 돌보는 것이야말로 가장 이상적인 운동법이며, 인생을 살아가는 순리일지도 모른다.

100일 달리기

곰이 될 것인가, 호랑이가 될 것인가

2024년 4월 28일, 나는 100일 동안 달리기를 해보기로 결심했다. 8월 5일까지, 100일 동안 지속적으로 달리며 어떤 변화가 일어나는지 직접 경험해보고 싶었다. 이 목표를 세우면서 떠오른 이야기가 있었다. 단군신화 속 곰과 호랑이.

곰과 호랑이는 사람이 되기 위해 100일 동안 마늘과 쑥을 먹으며 버텨야 했다. 결국, 호랑이는 포기했고, 곰은 끝까지 인내하며 사람이 되었다. 나는 사람이 되겠다고 달리기를 시작한 것은 아니었지만, 건강을 위해 시작한 이 달리기가 어느새 내 일상의 중심이 되어버렸다.

달리면 달릴수록 그 매력에 빠졌다. 달리지 않는 날이 오히려 어색하게 느껴졌다. 비가 오지 않는 한, 신발을 신고 밖으로 나갔다. 100일 동안 달린 날을 기록했는데, 물론 궂은 날씨나 일정이 바쁜 날에는 쉬어가기도 했다. 그렇게 100일 중 60일을 달렸다. 과반을 넘겼다. 자격증 시험으로 치면 60점 이상은 합격이다. 그 기준을 내게도 적용하며 의미를 부여했다. 그렇게 달리는 동안 어느새 나의 몸과 마음이 처음과 달라지고 있음을 깨닫게 되었다.

처음에는 모든 것이 조심스러웠다. 발을 내디딜 때마다 몸이 어떻게 반응할까? 걱정도 되었고, 궁금하기도 했다. 달리기를 시작한 4월 말, 날씨는 쾌적했다. 나는 서두르지 않았다. 몸이 가볍다고 무리하지 않고, 천천히 한 발 한 발 적응해나갔다. 처음에는 녹슨 기계가 다시 작동하듯, 관절과 근육이 삐걱거리는 느낌이 들었다. 하지만 그 통증은 오래가지 않았다. 하루가 지나면 사라졌고, 달릴수록 몸이 자연스럽게 반응했다. 햇빛 아래에서 뛰는 순간, 더웠지만 기분은 좋았다.

내가 가장 많이 달린 곳은 보라매공원과 그 인근이었다. 집에서 가까웠고, 넓은 트랙과 다양한 풍경이 있어 지루하지 않았다. 몸을 가볍게 풀고 공원 입구에 들어설 때면 마치 선수처럼 출발선에 선 기분이 들었다. 물론 나는 취미로 달리는 아마추어 러너였지만, 그 순간만큼은 마치 경기장에 선 듯한 기분이 들었다. 나는 대부분 3~5km 사이를 달렸는데, 5km를 30분 정도에 뛰는 것이 가장 부담 없고 운동 효과도 좋았다. 달리기를 시작한 지 한 달쯤 지나자, 완전히 달리기에 빠져들었다. 하루 중 가장 기다려지는 시간이 되었고, 설렘과 기대감이 생겼다.

사실, 나이가 들면서 새로운 것에 대한 설렘이 줄어든다. 익숙해질수록 감흥이 줄어들고, 재미도 쉽게 느껴지지 않는다. 새로운 도전은 귀찮거나 고생스럽다는 이유로 점점 피하게 된다. 그런데, 달리기는 달랐다. 하면 할수록 더 하고 싶은 스포츠가 된 것이다. 몸이 변하고, 나 자신이 변했다. 처음에는 일과를 마치면 몸이 무거웠다. 하지만 한 달이 지나자, 같은 양의 일을 해도 체력이 남았다. 전에는 책을 읽거나, 일을 하려 해도 쉽게 지쳐버렸다. 하지만 체력이 쌓이자 모든 것이 훨씬 의욕적으로 바뀌었다.

몸의 변화도 확실했다. 관절 가동범위가 넓어지고, 근육을 조절하는 능력이 생겼다. 팔다리는 그저 붙어 있는 것이 아니라 내 의지대로 움직이는 도구가 되었다. 처음에는 지면 반발력을 그대로 받으며 달렸지만, 이제는 부하가 줄어들었다. 곡선을 돌 때도 부드럽게 달리는 자동차처럼 자연스럽게 움직였다.

한 달쯤 달린 후, 10km 마라톤 대회에 나갔다. 망설임 없이 도전했다. 20대 중반, 30대 초반에 뛰었던 기록은 기대하지 않았지만, 1시간 안에 완주하는 것을 목표로 했다. 결과는 성공. 무엇보다 중요한 것은, 달리기를 마친 후에도 괜찮다는 점이었다. 그 경험이 나에게 자신감을 불어넣었다. 그 후, 달리기는 더 즐거워졌다. 체력이 획기적으로 증가한 것은 아니었지만, 빨리 달려도 보고, 천천히 달려도 보면서 페이스를 조절하는 법을 익혔다. 그리고, 무엇보다 단군신화 속 호랑이처럼 21일째 포기하지 않고 계속 달렸다.

아마추어처럼 달리기

이때부터 속도를 올려 체력 향상을 목표로 달렸다. 하지만 속도를 높일수록 몸이 받는 부담도 커졌다. 가끔은 페이스를 조절하며 적응하는 시간을 가졌다. 신체적 스트레스를 조금씩 높이며 체력을 끌어올려야 했지만, 달리기의 즐거움을 잃고 싶지 않았다. 달릴 때 기분 좋은 상태를 유지하는 것이 중요했다. "나는 아마추어 러너다. 프로가 되려고 하는 게 아니다." 이 문장을 마음속에서 되뇌며 스스로 조절했다. 운동을 하다 보면 아마추어가 프로처럼 훈련하다가 부상을 입거나 한계를 느껴 포기하는 사례를 많이 본다. 나는 그 길을 경계했다. 달리기는 스트레스가 아니라, 그저 즐거운 취미여야 했다. 기록 향상을 목표로 스트레스를 받고 싶지 않았다. 인생에는 원치 않게 받는 스트레스가 많은데, 굳이 달리기까지 스트레스의 영역으로 만들 필요는 없었다.

이 시기에도 체력은 계속 향상되었다. 핸드폰에서 심박수가 평균적으로 줄었다는 알림이 떴다. 심장 기능이 좋아졌다는 의미였다. 꾸준한 유산소 운동을 하면 심장의 1회 박동으로 더 많은 혈액을 내보낼 수 있어 효율성이 증가한다. 안정 시 심박수가 낮아지는 것은 심혈관 건강이 개선되고 있다는 신호. 운동을 하면서 몸으로 변화를 느끼기는 했지만, 예상치 못한 방식으로 '수치'로 확인하니 더 뿌듯했다. "이래서 현대 기기를 이용해 기록을 남기는구나." 하는 생각도 들었다. 예상하지 못했던 선물을 받은 기분이었다.

60일이 지나니, 몸이 먼저 달리고 싶어졌다. 어느새 비 오는 날이 원망스러워졌다. 달리지 않는 날이 불편한 날이 된 것이다. "하루라도 글을 읽지 않으면 입안에 가시가 돋는다."는 안중근 의사의 말이 진심으로 이해되었다. 하루라도 달리지 않으면 엉덩이가 근질근질했으니 그야말로 대단한 변화였다. 불과 두 달 전만 해도 달리기를 꾸준히 하는 것이 목표였는데, 이제는 달리기가 생활이 되어버렸다.

보통 습관을 바꾸는 데 66일이 걸린다고 하는데, 내 경우도 얼추 비슷했다. 나 역시 60일이 지나면서 달리기가 완전히 습관이 되었기 때문이다. 바쁜 날이면 '오늘 달릴 시간이 있을까?'가 아니라 '어떻게든 나가서 뛰어야겠다.'고 생각했다. 그래서 거리나 기록과 상관없이 2km라도 가볍게 뛰었다. 중요한 건 달리는 것이었고, 어느 순간부터 거리와 속도는 부차적인 요소가 되었다. 그렇게 마음이 편해지자, 달리기를 시작하기 전 느꼈던 번아웃 직전의 상태도 사라졌다.

지금 생각해보면 '내가 정말 번아웃이 왔었나?' 싶을 정도다. 그만큼 달리기는 내 몸과 마음을 빠르게 회복시켰다. 하지만 이 시기에도 위기가 있었다. 위기라기보다는, 내가 스스로 쉬어야 한다는 것을 깨닫는 과정이었다. 매일 달리다 보니 오히려 피로가 누적되었다. 몸이 무겁고 피곤한 느낌이 계속됐다. '무리하고 있구나.' 사인이 읽혔다. 이제는 내 몸이 보내는 신호를 읽을 수 있게 된 것이다. 그래서 의도적으로 휴식을 더 취했다. 처음에는 하루 쉬는 것이 아쉬웠지만, 종아리에 지속적인 피로감과 부종이 나타나는 것을 보고 무조건 쉬어야 한다는 걸 깨달았다. 혈액 순환이 원활하지 않은 느낌, 종아리를 쥐어짜는 듯한 느낌. 운동이 독이 될 수도 있다는 걸 몸이 직접 말해주었다.

운동선수들은 고강도 훈련과 누적된 부상으로 인해 결국 은퇴한다. 그들은 한계를 넘는 훈련을 반복하고, 결국 만성질환과 통증을 안고 살아간다. 경기력이 떨어지면 결국 선수 생활을 마감할 수밖에 없다. 하지만 나는 선수도 아니고, 달리기를 생업으로 삼지 않는다. 그저 건강을 위해, 즐기기 위해 달리는 아마추어 러너일 뿐이다. 그래서 무리하지 않는 것이 가장 중요했다. 달리기가 몸을 상하게 만든다면, 그것은 더 이상 건강한 운동이 아니다. 무리해서 뛰다가 달리기를 그만두는 순간, 이 모든 과정이 의미를 잃는다. 결국 달리기는 지속 가능해야 하고, 지속 가능하기 위해서는 적절한 균형과 휴식이 필요하다.

처음 달리기를 시작했을 때는 100일 동안 꾸준히 달리는 것이 목표였다. 그런데 시간이 지나면서, 달리기가 그저 목표가 아니라, 삶의 일부가 되었다. 이제 나는 달리기를 즐기고, 몸과 마음이 원할 때 움직인다. 속도와 거리를 욕심내지 않고, 스트레스 없는 운동으로 만든 것이 가장 큰 변화였다. '내가 달리는 이유는 기록을 세우기 위해서가 아니라, 오래오래 달리기 위해서다.' 이것이 바로, 건강을 위한 달리기의 진정한 의미가 아닐까.

이제 마라톤에 도전해볼까

100일 달리기의 끝이 다가올수록, 슬슬 장거리 달리기에 도전해 보고 싶다는 생각이 들었다. 10km까지는 익숙해졌다. 평소 페이스를 유지하며 무리하지 않으면 충분히 뛸 수 있었다. 이제는 거리를 조금씩 늘려 11km, 12km로 확장하는 것이 목표가 되었다. 만약 달리기 대회에 나간다면, 그다음 단계는 10km의 두 배가 조금 넘는 하프마라톤(21.0975km)이 될 것이다.

아직 하프마라톤을 달려본 적이 없다. 사실, 건강을 위해서는 5~6km만 달려도 충분하다. 이 거리만 유지해도 체력과 면역력을 향상시키고 노화를 늦추는 효과가 있다. 하지만 달리는 사람이라면 한 번쯤 마라톤을 꿈꾼다. 기록을 세우는 것이 아니라, 그 자체로 도전이 되는 마라톤. 혹시나 완주하게 된다면, 그 순간의 기분은 어떨까? 풀코스 마라톤은 철저한 준비가 필요하다. 그래서 그전에 먼저 하프 마라톤을 완주해보고 싶다. 다만, 매번 장거리를 달리고 싶지는 않다. 1년에 한 번 정도 하프마라톤을 도전하면 괜찮을 것 같다. 풀코스 마라톤도 1~2년에 한 번 정도 도전하는 게 적당하지 않을까 싶다.

달리기에 자신감이 붙고, 숨 쉬듯 편안한 상태가 되었을 무렵 조금 거리를 늘려보자는 마음이 들었다. 하프마라톤이나 마라톤을 이미 완주한 사람들은 이런 생각을 소박한 고민이라고 여길 수도 있다. 하지만 한 번도 달려본 적 없는 사람에게는 기대 반, 걱정 반이 앞선다. 경험하고 나면 아무것도 아니지만, 경험 전에는 모든 것이 막연하지 않은가. 머릿속으로 이렇게 저렇게 시뮬레이션을 돌려보고, 예전에 보았던 올림픽 마라톤 경기 장면도 떠올려 본다. 물론, 나는 마라톤 선수가 아니다. 선수처럼 달릴수도 없다. 하지만 꼭 지금이 아니더라도 1년 뒤에는 한 번쯤 하프마라톤을 시도해볼 것 같다. 그렇다면 그전부터 훈련을 체계적으로 하고, 몸을 더 단단하게 만들어야겠지.

마라톤을 완주해야 진정한 러너가 되는 것은 아니다. 마라토너들을 존경하지만, 마라톤이 러너의 종착지가 되어서는 안 된다. 러닝은 어디까지나 즐기는 과정이 되어야 한다. 내 목표는 단순하다. 100세까지, 살아 있는 동안 건강하게 달릴 수 있는 몸과 마음을 만드는 것. 나이가 들어도 독립적으로 움직이고, 달리면서 사는 것. 그 목표를 위해 지금부터 꾸준히 달리는 것이다.

마라토너와 러너는 동의어가 아니다. 마라톤은 하나의 도전이 될 수 있지만, 평생 달릴 수 있는 것이 더 중요하다. 겁내지 않고 달릴 수 있다면, 나이가 들어도 배우고 행동하는 데 거리낌이 없을 것이다. 뇌는 신체를 조절하지만, 신체가 건강할수록 뇌도 건강하다. 인간의 뇌도 움직이며 진화했으니까.

달리며 달라진 삶의 철학

마침내 목표로 삼았던 100일이 되었다. 즐겁게 달렸다. 100일 동안 꾸준히 달리기를 해보겠다고 결심했던 시간은 예상보다 훨씬 빠르게 지나갔다. 문득 이런 생각이 들었다. '100일 달리기가 무슨 대수냐.' 어차피 나는 계속 달릴 것이니까. 하지만 돌이켜보면, 100일 동안 내 몸과 마음이 확실히 변했다. 체력이 좋아졌고, 일과를 마친 후에도 저녁까지 생기가 돌았다. 지치지 않으니 행동도 빨라졌고, 업무 능력도 향상되었다. 무엇보다 망설임과 부정적인 마음이 사라졌다. 신기하게도, 달리니까 내 삶이 달라졌다. 그렇게 작은 변화들이 쌓이면서 일도 점점 잘 풀리기 시작했다.

주변 사람들은 나를 보며 살이 빠졌다고, 보기 좋아졌다고 말했다(현재 약 4kg 감량한 상태에서 안정적으로 유지 중이다). 이전에는 배에 잡히던 살이 약 2cm 정도였는데, 이제는 1cm 미만이다. E.T처럼 배가 살짝 나오고 팔다리는 가늘어지는 체형이 되어가던 몸이, 지금은 복부가 탄탄해지고, 다리는 더 강해졌다. 잔근육도 붙었고, 얼굴도 갸름해졌다. 사진을 찍을 때도 예전보다 보기 좋아졌다.

달리기를 하면서 좋은 음식을 먹게 되고, 수면의 질도 좋아졌다. 커피는 가능하면 피했고, 술도 많이 줄였다. 과거에는 술을 자주 마시지는 않았지만, 한 번 마시면 폭음하는 편이었다. 폭음 후에는 다음 날은 물론, 며칠 동안 컨디션이 엉망이었다. 하지만 이제는 폭음할 일도 없고, 아침에 개운하게 일어나는 날이 많아졌다. 잠을 잘 자는 것도 중요하지만, 아침에 좋은 컨디션으로 일어나는 것이 더 중요하다는 걸 깨달았다. 신체 건강이 100일 동안 눈에 띄게 좋아진 것이다.

신체의 변화도 중요하지만 가장 큰 변화는 마음에서 일어났다. 여유가 생긴 것이다. 이전에는 일의 성과가 나오지 않으면 초조했다. 하지만 지금은 급하게 서두르는 일이 줄었고, 조바심을 내려놓았다. 불확실한 결정을 내리지 않으니, 오히려 정신이 맑아졌다. 허점도 보이고, 보완할 점도 보였다. 충분히 생각하고, 여유 있게 행동할 수 있게 되었다. 목표를 세우는 방식도 달라졌다. 무리한 목표가 아니라, 5~6km를 꾸준히 달리는 것처럼 현실적인 목표를 세웠다. 꾸준함이란 참 대단하다. 작은 성공이 쌓이면서, 조금 더 큰 성과에 가까워졌다. 결국, 어려움도, 큰 성과도 지나가는 과정일 뿐 아닌가.

과거에는 '40대에 반드시 큰 성과를 내야 한다.'는 강박이 있었다. 하지만 지금은 그 생각에서 벗어났다. '큰 성과를 내지 못하면 어때?' 하루하루 달리고, 좋은 습관을 유지하고, 일을 성실히 하다 보면 결국 그에 맞는 결과가 따라올 것이다. 나는 다시 긍정적인 사람이 되었다. 예전에는 힘들 때마다 '좋은 일이 생길까?' '내 인생에 좋은 적이 있었나?' 그렇게 부정적인 생각을 하곤 했지만, 지금은 그런 생각을 했던 기억조차 희미해졌다. 그리고 이제 10대, 20대 때처럼 심장이 뜨겁게 뛴다. '지금 살아 있구나' 하는 단계를 넘어 '나는 지금, 잘 살고 있구나!' 하는 확신이 든다.

요즘 나는 사람들을 만나면 자연스럽게 달리기 이야기를 꺼내게 된다. 달리기를 하면서 경험한 달라진 점을 이야기하고, 은근슬쩍 달리기를 권하기도 한다. 달리기를 하는 사람들과는 공감할 이야기가 많다. 달리기의 화제는 끝이 없으니 말이다. 이제 달리기는 내 삶의 활력소가 되었다.

앞으로도 나는 비가 오거나 몸이 힘든 날은 쉬고, 몸이 원하는 만큼 달릴 것이다. 그리고 하루하루 달리는 시간이 늘어날수록 나는 또 달라진 삶을 살고 있을 것이다. 몸도, 마음도, 내가 달리는 시간만큼 자연스럽게 변화할 것이다. 다음 달리기는 또 어떤 변화를 가져올까? 그런 기대감을 안고, 나는 오늘도 달린다.

◎ **달리기에 관한 책**

1. 『달리기를 말할 때 내가 하고 싶은 이야기(What I Talk About When I Talk About Running)』, 무라카미 하루키, 임홍빈 옮김, 문학사상, 2009

달리기와 삶의 철학이 녹아든 에세이

소설가 무라카미 하루키가 장거리 달리기를 통해 삶과 창작 과정에서 느낀 것들을 기록한 책

마라톤, 트라이애슬론, 꾸준한 러닝 습관이 그의 사고방식에 미친 영향을 솔직하게 풀어낸다.

단순한 러닝 기록이 아니라, 끈기와 자기 성찰에 대한 깊이 있는 사색이 담긴 작품

"어떤 일을 지속하려면 재능보다도 체력이 중요하고, 그보다 중요한 것은 지구력이다."

2.『울트라마라톤 맨(Ultramarathon Man)』, 딘 카르나제스, 공경희 옮김, 해냄, 2005

인간의 한계를 뛰어넘은 울트라 마라토너의 실화

30살까지 평범한 회사원이었던 딘 카르나제스가 달리기를 시작하며 320km를 연속으로 달리는 울트라 마라토너가 되기까지의 과정

육체적, 정신적으로 극한의 도전을 경험하며 러닝이 삶을 어떻게 바꿨는지를 보여준다.

특히, 울트라마라톤을 통해 인생의 의미를 찾는 과정이 흥미롭다.

"우리 몸은 한계를 넘어설 수 있도록 설계되어 있다. 문제는 우리의 마음이 이를 얼마나 받아들이는가이다."

3.『본 투 런(Born to Run)』, 크리스토퍼 맥두걸, 민영진 옮김, 여름언덕, 2016

인간이 본래 달리도록 설계된 존재라는 흥미로운 가설

멕시코의 타라후마라 부족이 신발 없이도 수백 km를 달릴 수 있는 비결을 파헤치는 이야기

현대인이 잃어버린 달리기의 본질과 러닝이 건강과 행복에 미치는 영향을 탐구한다.

러닝을 단순한 운동이 아니라, 삶의 일부로 받아들이는 법을 배우고 싶다면 강력 추천!

"달리기는 단순한 운동이 아니라, 우리의 본능이자 자연스러운 행동이다."

4.『달리기와 존재하기(Running & Being)』, 조지 쉬언, 김연수 옮김, 한문화, 2020

철학적 사색과 달리기의 심리적 효과를 탐구한 명저

의사이자 마라토너인 조지 쉬언이 러닝을 통해 자기 발견과 행복을 찾는 과정을 기록

'나는 왜 달리는가?'라는 질문에 대한 깊은 고찰이 담겨 있다.

단순한 운동이 아닌, 달리기가 어떻게 내면의 변화를 이끄는지 알고 싶다면 추천!

"달리는 순간, 나는 자유롭고 살아 있음을 느낀다."

5. The Rise of the Ultra Runners : A Journey to the Edge of Human Endurance, Adharanand Finn, Guardian Faber Publishing, 2020

울트라마라톤 선수들의 강인한 정신력과 극한의 도전을 기록한 책

"달리기는 단순한 운동이 아니라, 인생을 대하는 태도가 된다"는 철학이 담겨 있다.

100km 이상을 달리는 울트라마라톤 선수들이 어떻게 정신적 · 육체적 한계를 극복하는지를 탐구한 흥미로운 이야기

◎ 달리기를 주제로 한 다큐멘터리 & 영화

1. 더 바크레이 마라톤(The Barkley Marathons, 2014)

'세상에서 가장 힘든 마라톤'이라고 불리는 바크레이 마라톤 도전기

100마일(약 160km)을 60시간 내에 완주해야 하는 극한의 레이스

이 대회는 지원이 없고, GPS 사용이 불가능하며, 참가자는 단 40명만 선발된다.

인간의 한계를 시험하는 도전 정신과 러너들의 불굴의 의지가 감동적이다.

2. 스카이 러너(Sky Runner, 2018)

울트라 러너 킬리안 조넷(Kilian Jornet)의 이야기

그는 히말라야, 몽블랑 같은 세계에서 가장 험난한 산악 코스를 초인적인 속도로 달린다.

달리기가 단순한 스포츠가 아니라, 자연과 하나 되는 경험이 될 수 있음을 보여준다.

3. 브리튼스 패스티스트(Britain's Fastest, 2021)

평범한 사람이 100일 동안 훈련해서 마라톤을 완주할 수 있을까?

아마추어 러너가 100일간 훈련하며 신체적 · 정신적 변화를 겪는 과정을 담은 다큐멘터리

100일 달리기 도전과 비슷한 경험이 담겨 있어 더욱 공감할 수 있을 듯!

4. 아이 엠 볼트(I Am Bolt, 2016)

세계에서 가장 빠른 사나이, 우사인 볼트의 다큐멘터리

단순한 러닝 기록이 아니라, 그가 달리기를 통해 어떻게 성장했는지, 어떤 마음가짐을 가졌는지를 보여준다.

달리기를 시작하는 사람들을 위한 유튜브 추천 채널

Sage Running – 러닝 코치이자 울트라 마라토너인 Sage Canaday가 러닝 훈련법과 철학을 공유

The Running Channel – 러닝 초보부터 경험자까지 유용한 정보 제공

Billy Yang Films – 감동적인 러닝 다큐멘터리 스타일 영상

◎ 나에게 맞는 달리기 이야기 찾기

자기 발견과 철학적 성찰을 원한다면
→ 『달리기를 말할 때 내가 하고 싶은 이야기』, 『달리기와 존재하기』

러닝을 통한 극한의 도전을 보고 싶다면
→ 『울트라마라톤 맨』, 〈더 바크레이 마라톤〉

달리기가 인간 본능임을 느끼고 싶다면
→ 『본 투 런』, 〈스카이 러너〉

100일 동안의 변화와 성장을 느끼고 싶다면
→ 〈브리튼스 패스티스트〉

참고문헌

－ 김태욱, 『스포츠 스타와 만나는 운동생리학』(3판), 라이프사이언스, 2023.

－ 보건복지부 · 한국건강증진개발원, 『한국인을 위한 신체활동 지침서』(개정판), 2023.

－ 사이먼 레일보 저, 김지원 역, 『동물의 운동 능력에 관한 거의 모든 것』, 이케이북, 2019.

－ 제프 겔러웨이 저, 양현묵 역, 『마라톤』, 전원문화사, 2017.

－ Donald A. Neumann 저, 채윤원 등 역, 『뉴만 kinesiology 근육뼈대 계통의 기능해부학 및 운동학』(3판), 범문에듀케이션, 2018.

－ Melvin H. Williams 등 저, 차광석 등 역, 『건강 스포츠영양학 길라잡이』(12판), 라이프사이언스, 2021.

－ Peter Brukner, Karim Khan 저, 대한스포츠의학회 역, 『스포츠의학』, McGraw Hill Korea, 2021.

－ Scott K. Powers, Edward T. Howley, John Quindry 저, 최대혁 · 소위영 역, 『파워 운동생리학』(11판), 라이프사이언스, 2021.

인터넷 검색

파우자 싱 HYPERLINK "https//en.wikipedia.org/wiki/Fauja_ Singh"https://en.wikipedia.org/wiki/Fauja_Singh

— Buckwalter JA, Lane NE. Athletics and osteoarthritis, Am J Sports Med. 1997 Nov–Dec;25(6):873–81.

— Gibala MJ, MacDougall JD, Sale DG. The effects of tapering on strength performance in trained athletes, Int J Sports Med. 1994 Nov;15(8):492–7.

— Houmard JA, Costill DL, Mitchell JB, Park SH, Hickner RC, Roemmich JN. Reduced training maintains performance in distance runners, Int J Sports Med. 1990 Feb;11(1):46–52.

— Kakouris N, Yener N, Fong DTP. A systematic review of running–related musculoskeletal injuries in runners, J Sport Health Sci. 2021 Sep;10(5):513–522.

— Kim YJ, Park KM. Possible Mechanisms for Adverse Cardiac Events Caused by Exercise Induced Hypertension in Long– Distance Middle–Aged Runners: A Review, J Clin Med. 2024 Apr 10;13(8):2184.

— Knechtle B, Jastrzebski Z, Rosemann T, Nikolaidis PT. Pacing During and Physiological Response After a 12–Hour Ultra– Marathon in a 95–Year–Old Male Runner, Front Physiol. 2019 Jan 4;9:1875.

— Leyk D, Erley O, Gorges W, Ridder D, Rüther T, Wunderlich M, Sievert A, Essfeld D, Piekarski C, Erren T. Performance, training and lifestyle parameters of marathon runners aged 20–80 years: results of the PACE–study, Int J Sports Med. 2009

May;30(5):360—5.

— Leyk D, Erley O, Ridder D, Leurs M, Rüther T, Wunderlich M, Sievert A, Baum K, Essfeld D. Age—related changes in marathon and half—marathon performances. Int J Sports Med. 2007 Jun;28(6):513—7.

— Nieman DC. Marathon training and immune function. Sports Med. 2007;37(4—5):412—5.

— Nieman DC, Wentz LM. The compelling link between physical activity and the body's defense system. J Sport Health Sci. 2019 May;8(3):201—217.

— Novacheck TF: The biomechanical of running, Gait Posture 7:77, 1998.

— Panush RS, Inzinna JD. Recreational activities and degenerative joint disease. Sports Med. 1994 Jan;17(1):1—5.

마흔, 오늘부터 달리기
안전하고 즐겁게

© 안병택, 2025

초판 1쇄 2025년 5월 9일
지은이 안병택
디자인 유랙어
펴낸이 이채진
펴낸곳 틈새의시간
출판등록 2020년 4월 9일 제406-2020-000037호
주소 경기도 파주시 하늘소로16, 104-201
전화 031-939-8552
이메일 gaptimebooks@gmail.com
페이스북 @gaptimebooks
인스타그램 @time_of_gap

ISBN 979-11-93933-12-1(03690)

* 책값은 뒤표지에 있습니다. 잘못 만들어진 책은 구입하신 서점에서 교환해드립니다.
* 이 책 내용의 일부 또는 전부를 재사용하려면 반드시 저작자와 틈새의시간 양측의
  서면 동의를 받아야 합니다.